「台高の谷」概念図

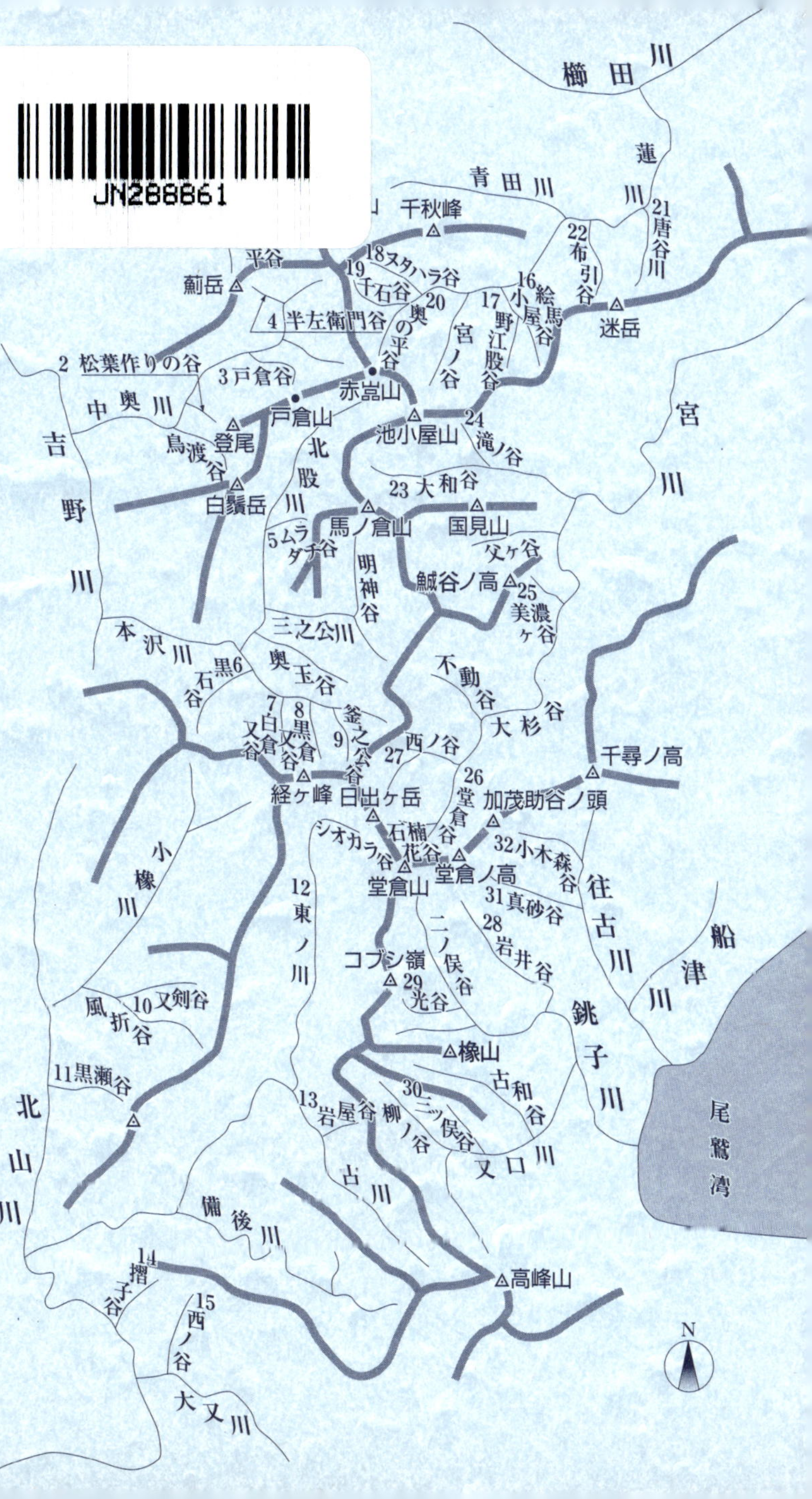

櫛田川
蓮川
21 唐谷川
青田川
千秋峰
22 布引谷
平谷
18 ヌタハラ谷
19 千石谷
20 奥の平谷
16 絵馬小屋谷
17 野江股谷
薊岳
迷岳
4 半左衛門谷
宮ノ谷
2 松葉作りの谷
3 戸倉谷
赤嵓山
戸倉山
中奥川
登尾
池小屋山
24 滝ノ谷
宮川
吉野川
鳥渡谷
北股川
白鬚岳
23 大和谷
馬ノ倉山
国見山
5 ムラダチ谷
明神谷
父ケ谷
鮒谷ノ高
25 美濃ケ谷
三之公川
本沢川
6 黒石谷
奥玉谷
不動谷
7 白倉又谷
8 黒倉又谷
9 釜之公谷
大杉谷
西ノ谷
27
千尋ノ高
26 堂倉谷
経ケ峰
日出ケ岳
加茂助谷ノ頭
シオカラ谷
石楠花谷
32 小木森谷
小橡川
堂倉山
堂倉ノ高
往古川
12 東ノ川
31 真砂谷
28 岩井谷
二ノ俣谷
船津川
コブシ嶺
29 光谷
銚子川
10 又剣谷
風折谷
橡山
古和谷川
11 黒瀬谷
30 三ツ俣谷
尾鷲湾
13 岩屋谷
柳ノ谷
又口川
北山川
古川
備後川
14 摺子谷
高峰山
15 西ノ谷
大又川
N

関西の沢登り【1】

台高の沢

樋上嘉秀

ナカニシヤ出版

石楠花（シャクナゲ）

扉＝真砂谷（2段5m滝と奥坊主）

布引谷
（布引滝）

三ツ俣谷
のナメ床
を溯る

白倉又谷
（15m滝）

大和谷
（夫婦滝の雄滝）

美濃ヶ谷（六十尋滝）

もくじ

吉野川水系 一

1 大又川支谷石ヶ平台——〈高見川支流四郷川本流〉——ひっきりなしに出てくる滝の多さに沢登りを満喫——二

2 松葉作りの谷左俣——〈吉野川支流中奥川支谷〉——別名・白井谷。直登可能な滝の豊富さが嬉しい——七

3 戸倉谷——〈吉野川支流中奥川支谷〉——五〇〇《メートル》も続くゴルジュに厳しい遡行を強いられる——一三

4 半左衛門谷から薊岳へ——〈吉野川支流中奥川支谷〉——難所は三〇《メートル》滝が一本だけで初心者も充分楽しめる——一九

5 ムラダチ谷——〈吉野川支流北股川支谷〉——大滝と樹林の織りなす自然の素晴らしさが味わえる——二四

6 黒石谷——〈吉野川本流本沢川支谷〉——豪壮な谷で、多くの名のある滝が遡行価値を高める——二九

7 白倉又谷下部ゴルジュ——〈吉野川本流本沢川支谷〉——滝の連続するゴルジュに豪快な遡行を楽しむ——三七

8 黒倉又谷——〈吉野川本流本沢川支谷〉——厳しいゴルジュと美しいナメとに沢のよさを感じる——四二

9 釜之公谷——〈吉野川本流本沢川支谷〉——豪快な五〇《メートル》大滝と、滝上の穏やかさの造形の妙——四八

北山川水系　五五

10 小橡川の又剣谷―〈北山川支流小橡川支谷〉―三〇メートル滝二本と高い垂壁のゴルジュは迫力満点―五六
11 黒瀬谷下部ゴルジュ―〈北山川支谷〉―人工登攀技術でゴルジュの突破を計る―六三
12 東ノ川からシオカラ谷へ〈北山川支流〉―日本百名谷にも取り上げられた台高の名渓―六八
13 古川支谷の岩屋谷―〈北山川支流東ノ川支流〉―不動滝と銚子滝の二本の大滝に谷の豪快さを覚える―七六
14 摺子谷本谷―〈北山川支谷〉―一二〇メートルの摺子谷大滝にはど肝を抜かれる―八一
15 大又川西ノ谷下流域―〈北山川支流大又川支谷〉―蛇の目滝と右岸枝谷の七〇メートル滝は一見の価値あり―八七

櫛田川水系　九三

16 絵馬小屋谷―〈櫛田川支流蓮川支谷〉―凄さに圧倒される五所ヶ滝のゴルジュを持つ名渓―九四
17 野江股谷―〈櫛田川支流絵馬小屋谷右俣〉―不動滝、イガミ滝、鶴小屋滝やゴルジュを楽しむ―一〇〇
18 ヌタハラ谷―〈櫛田川支流蓮川支谷〉―一〇〇メートルの大滝ほかで沢登りの醍醐味を満喫する―一〇七
19 千石谷から赤嵓滝谷へ―〈櫛田川支流蓮川支谷〉―二段三五メートル、五段の滝、赤嵓滝に感激の沢登り―一一三
20 奥の平谷―〈櫛田川支流蓮川支谷〉―よい滝を持つ蓮川の名渓で谷の豪壮さを堪能する―一二一

21 唐谷川から迷岳へ——〈櫛田川支流蓮川支流〉——二段三〇《メートル》と三段五〇《メートル》大滝に溯行気分は最高潮——一三〇
22 布引谷——〈櫛田川支流蓮川支谷〉——一見の価値ある威圧感充分な布引滝の全貌に触れる——一三六

宮川水系　一四三

23 大和谷から池小屋山へ——〈宮川支谷〉——夫婦滝の勇姿と台高主稜縦走の二つを一度に楽しむ——一四四
24 滝ノ谷——〈宮川支谷大和谷支谷〉——三つの大滝が連続する三滝の凄さに驚かされる——一五〇
25 美濃ヶ谷——〈宮川支谷〉——六十尋滝に始まるゴルジュに沢の醍醐味を味わう——一五七
26 堂倉谷から石楠花谷へ——〈宮川大杉谷本谷〉——豪壮な滝と優雅な七つ釜と険悪なゴルジュを溯る——一六四
27 西ノ谷下部——〈宮川本谷大杉谷支谷〉——巴滝の下でイオンを浴びて、時には英気を養おう——一七二

銚子川水系　一七九

28 岩井谷——〈銚子川支谷〉——三平滝、八〇《メートル》滝などを有する本書収録中の最険谷——一八〇
29 光　谷——〈銚子川支谷〉——狭まった行合いと一〇〇《メートル》の光滝を目指して谷を行く——一九〇
30 三ツ俣谷——〈銚子川支流又口川支谷〉——終盤に続く綺麗で長いナメ床帯を気持ちよく溯る——一九九

往古川水系　二〇三

〈凡　例〉

一、本書は、吉野川、北山川、櫛田川、宮川、銚子川、往古川の六つの水系に区分して掲載した。

二、各谷毎に、「ランク」「行程」「地形図」「概況」「アプローチ」「入谷」「溯行状況」「下山」「参考タイム」の項目を記し、必要に応じて「ポイント」「注意点」「見所」の欄を設けた谷もある（一四二ページ参照）。

三、文中の「CS滝」は「チョックストン滝」を示す。

吉野川水系

高見川支流四郷川本流

1 大又川《おおまたがわ》支谷石《いし》ヶ平谷《がだいらたに》

＊ランク　初心者
＊行　程　日帰り
＊地形図　大豆生

〈概況〉

台高支稜の名峰・薊岳《あざみだけ》に突き上げる谷で、特別な大滝を持たない代わりに、短距離の間に数え切れないほどの滝を架け、それらが次々と直登できて最後まで滝登りを満喫させてくれるから、経験の少ない人には楽しくてたまらないだろう。


〈アプローチ〉

県道吉野東吉野線から県道大又小川線に入って大又に至る。ここから奥で車道が大又川を三度渡ると石ヶ平谷の出合いまでは一キロ少々。大阪から二時間半ほど。出合い付近は林道が狭いので、少し手前の道幅の広い場所に駐車する。


〈入谷〉

出合いのすぐ本流下流にある堰堤横の小道を辿り、丸太橋で本流を渡る。出合いは本流と直角ではなく斜めから合わさる。


〈遡行状況〉

本流を左に見ながら斜め右へと流れを進む。本流と直角に向き合うまでのわずかの間は藪が被さっていて進み辛い。流れが右に折れて藪が切れると滝が次々と出てくる。

　二つ目の逆のくの字六メートル滝でメンバーが詰まり、滝上からシュリンゲを出して確保。三つの滝を越えたあとの斜瀑二メートルを左岸からへつり抜け、ほどなく出てくる二条四メートル滝を直登する。

　その後、左側に大岩のある斜瀑四メートルを難なく越えて、ここまでで最も大きな滝を迎える。下からだと三段二〇メートルほどに見えるが、二段一五メートルと釜を持つ八メートルの独立した滝。ここは直登可能と見て滝身に取りつき、二段滝を登る。しかし八メートル滝は直登出来ずに右岸から巻き上がる。この上のナメに続く八メートルのくねる斜瀑の右側を登り、その上の二条七メートル滝を左手から越え抜けると、綺麗なナメ滝L一〇メートルが迎えてくれる。

　二つ三つと出てくる滝を無難にこなすと、流れが急激に細まり、そこにトユ状のナメがL一五メートル続く。続いては落口がずいぶん離れた二条四メートル滝で、これは中央の岩場を攀じる。このあとも次々と滝が現れ、その応対に暇がない。

　ところがほどなく堰堤が二つ続いて興醒めを起こす。堰堤の上流は共につまらぬ流れがしば

8 m滝

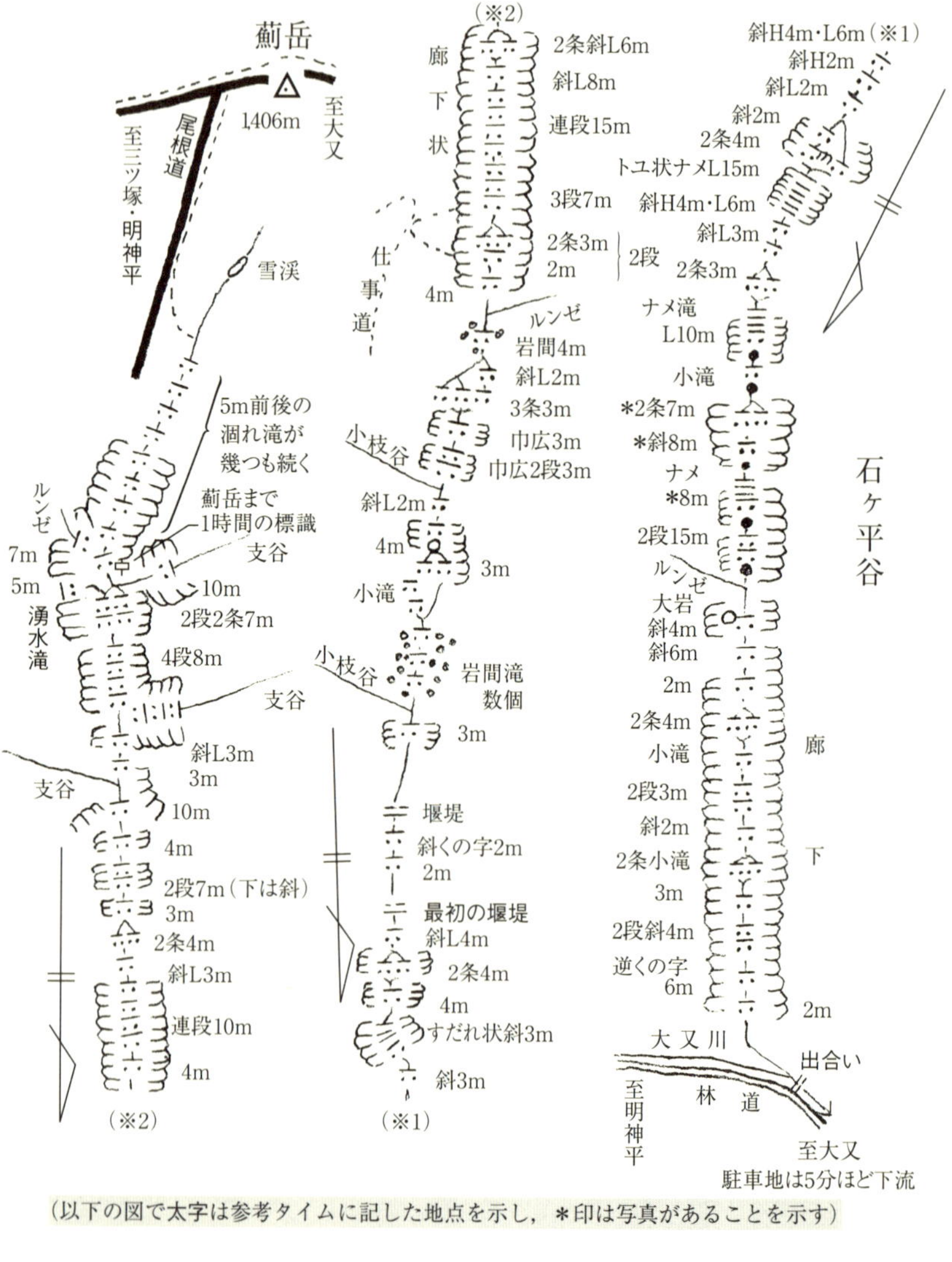

（以下の図で太字は参考タイムに記した地点を示し，＊印は写真があることを示す）

らく続く。ほどなく三メートル滝を越えてからは岩間に架かる滝が二つ、三つと連続。

　それから再び滝場に入り、出てくる滝を気持ちよく越えて行く。左岸からルンゼの入る先の四メートル滝を直登すると、下段二メートル、上段二条三メートルの滝が現れ、これは手が付けられずに右岸を巻き上がる。すると少し先で左に折れ返してバック気味に尾根の方へと続く仕事道に出た。すぐ

2条7m滝と8m斜瀑

に流れに戻ると三段七メートル滝で、ここは下の二段を直登してから、上段は右から巻き越える。続いて連段一五メートル滝と斜瀑L八メートルも直登し、さらに連続する滝を次々と越えて行く。

　やがて下段が斜瀑の二段七メートル滝が現れ、これは少しヌルっていて冷や汗をかいたが、なんとか直登で切り抜ける。続く四メートル滝を越えた所に、今度はワイドな壁を形の良い一〇メートル滝が落ちる。ここは左岸の山腹を攀じて、出て来たバンドで落口へと導かれた。その上すぐの右岸から支谷、二つの滝を越えたあとの連段滝を架ける左岸支谷をやり過ごして四段八メートル滝を迎えるが、難なく直登出来る。

　次に出てくるのが二段二条の七メートル滝で、メンバーの一人は直登で落口へ登り出たが、他の者は慎重を期して左岸から落口へ巻き上がった。そこには左岸から支谷が出合い、谷幅が一気な

広がりを見せる。ところが上流に架かる滝には水がほとんど流れておらず、その代わりに右岸の岩壁の割れ目からドッと噴き出す水が滝となって流れ落ちる。たぶん上部で流れが地下に潜り、これが横手の壁から吹き出しているのだろう。ここには「薊岳まで一時間」の標識も見られる。

本谷のわずかな水量の五《メートル》滝を直登すると、その後に出てくる滝も全てが涸れ滝同然で、そのほとんどをまるで岩登りのごとく直登して行く。すでに、源流域に入ったらしく傾斜が次第に増して苦しい登りとなる。やがて前方に雪渓が見えて、これでは谷筋を進むより尾根を辿る方がよいと左の尾根にルートをとる。木が疎らで前進するのに障害がない代わり、谷より急傾斜で足を前へ出すのが苦しい。しかしそれも一時で、傾斜が緩むと薊岳から三ツ塚へと続く立派な登山道に登り着いた。

〈下山〉

登山道を東に三ツ塚まで辿り、台高縦走路を北の明神平へと下る。あとは登山道を西に下り、林道終点から駐車地まで車道を歩く。車二台なら薊岳から西に下り、大又へ出る方が楽。

ポイント

二条二段七《メートル》は直登可能。巻くなら左岸からになるが、取り付きの山腹は登るほどに傾斜が強くなるので、出来るだけ小さく巻き上がる。しかし落口へのトラバースは下部ほど嫌らしい。

参考タイム

石ヶ平谷出合い――最初の堰堤（1時間10分）湧水滝下（1時間30分）尾根道（1時間）明神平（1時間20分）林道終点（30分）駐車地（30分）

吉野川支流中奥川支谷

2 松葉作《まつばつく》りの谷左俣《ひだりまた》

＊ランク　中級者
＊行　程　日帰り
＊地形図　大和柏木

〈概況〉

鳥渡谷《とりわだに》の次に左岸に入る谷で、別名を白井谷ともいう。あまり大きな谷ではなく、滝も名のある本谷の黒滝と一五㍍《メートル》滝が数本と、特別の大滝はないが、ほとんどが直登可能な滝が次々と出てきて、短い谷にしては楽しい溯行の出来る谷だ。


〈アプローチ〉

国道一六九号線を白川渡で左折して中奥川沿いの県道に入る。枌尾《そぎお》・中奥の各集落をやり過ごしてほどなくで左岸最大支谷の鳥渡谷の出合いを過ぎると、わずかで右下の流れに堰堤が二つ連続して出てくる。出合いはその二つの堰堤の間。水量が少ないので注意。


〈入谷〉

上の堰堤の上流側から本流に降りて渡渉し、堰堤すぐ横の斜面のかすかな踏み跡を辿る。途中に朽ち果てた梯子が出てきたりするが、あっけなく出合い少し上流の谷床に降り着く。


〈溯行状況〉

両側を岩壁に囲まれ、暗くて陰気なゴルジュ

中奥川・松葉作りの谷

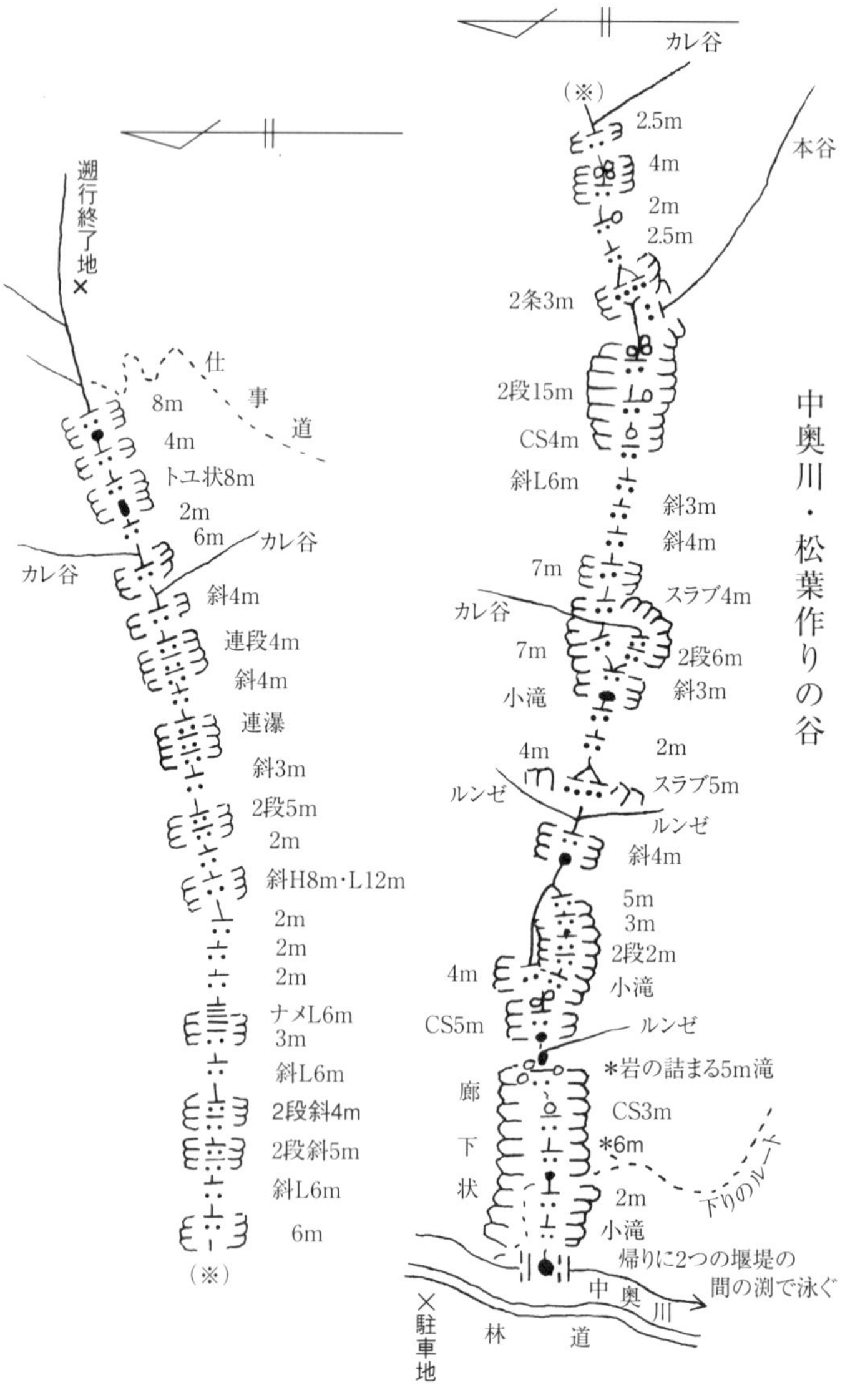
遡行終了地
仕事道
8m
4m
トユ状8m
2m
6m
カレ谷
カレ谷
斜4m
連段4m
斜4m
連瀑
斜3m
2段5m
2m
斜H8m・L12m
2m
2m
2m
ナメL6m
3m
斜L6m
2段斜4m
2段斜5m
斜L6m
6m
(※)
カレ谷
(※)
2.5m
本谷
4m
2m
2.5m
2条3m
2段15m
CS4m
斜L6m
斜3m
斜4m
7m
スラブ4m
カレ谷
7m
2段6m
小滝
斜3m
4m
2m
スラブ5m
ルンゼ
ルンゼ
斜4m
5m
3m
2段2m
4m
小滝
CS5m
ルンゼ
*岩の詰まる5m滝
廊下状
CS3m
*6m
下りのルート
2m
小滝
帰りに2つの堰堤の
間の渕で泳ぐ
中奥川
駐車地
林道

廊下内の６ｍ滝

出合いからの中奥川本流の流れ

の中で、水の流れもお情け程度。すぐ上には形のよい六《メートル》滝が架かるが、水量が少なくては型なしで、次のＣＳ三《メートル》滝に至っては全く流れがない。六《メートル》滝を両岸に分かれて巻き越え、三《メートル》滝も適当にこなすと流れが戻り、落口に岩の詰まる五《メートル》滝を直登する。この辺り、滝の連続するゴルジュなのに両岸の岩壁があまり押し迫ってはおらず、それほど威圧感はない。

続いて大岩が二つ落口に架かるＣＳ滝も直登。落口上で流れが二つに分かれ、左に四《メートル》滝、右には小滝が二つ連続している。右に進んでさらに続く三《メートル》滝と五《メートル》滝も全て直登。その上で左の流れが合わさり一本の流れに戻る。

わずかに途絶えて出てくる次の斜瀑四《メートル》を直登すると、幅広のスラブ壁を右五《メートル》、左四《メートル》の二条に落ちる直登不能の滝が出現。ここは左岸の巻きが難しく、右岸から巻き上がる。さらに

岩の詰まる5m滝（水の流れが殆どない）

二つの小滝を直登し、横広の釜を持つ斜瀑三メートルを左から越えると、またも二条滝を迎える。

ここの地形はちょっと風変わりで、右の二段六メートル滝と左の七メートル滝の間が幾らか離れ、右の流れは落口で直角に左に折れ曲がり、左滝すぐ上に落ちるスラブ滝四メートルの下へと繋がっている。ここは右岸からの巻きで四メートル滝の上に出る。

続いて七メートル滝を左側から、斜瀑四メートルと斜瀑三メートルを滝身の左を攀じる。次の斜瀑Ｌ六メートルは簡単。

谷が左にカーブすると、両側からの岩壁で狭められ、まるで一枚壁が立て割れして出来たような狭い通路に幾つもの岩が引っ掛かったＣＳ滝が数段連続して架かる。高さは上まで二〇メートルほどか、一気に立ち上がっているので、手の付けられない感じだが、近づけばなんとか直登可能とトライする。何箇所もてこずらされ、最後のオーバーハングに苦労したがホールドが豊富で、どうにか直登に成功。滝上から下を覗くと一直線に落ちていて、高所恐怖症の私は足が竦んでしまった。

ここから少し間を置いてまたまた滝が連続する。しかし全てが直登出来るから楽しい限り。それにしてもわずかに途切れる事はあっても次々と出てくる滝には驚きで、その応対に暇がない。

やがて二段五メートル滝を越えた辺りから水の流れ

は出たり伏せたりを繰り返し、谷幅も狭まって谷の源頭の趣となる。それでも滝はさらに続き、左岸からカレ谷が入る先で六《メートル》滝を迎える。ここはやや悪く、うまいはずの一人がずり落ち、後続にシュリンゲを出す一幕も。

続いての釜を持つトユ状の細滝八《メートル》はいたしかたなく、久し振りに右岸から巻き上がる。この辺りで水が完全に切れて、カレ滝となった四《メートル》滝と八《メートル》滝を直登する。さらに滝は次々と出てくるが、たいしたものはないし、カレ滝では仕方がなく、ほどなくの所で溯行を打ち切る。

〈下山〉

最後の八《メートル》滝を過ぎてほどなくの左岸に仕事道があり、これを辿って溯行開始地点に帰る。そこから本流へ下り、全員があまりの暑さに堰堤と堰堤の間の淵を泳いで熱を冷ました。

あまりの暑さに泳ぐ

注意点

下山する仕事道は、途中で本谷を渡ったあとも尾根が二つに分岐する小ピークまでは明瞭。ここで傾斜の強い右の尾根にルートをとる。左にとると鳥渡谷の方へ出てしまう。踏跡が不明瞭になったりするが、下に見えてくる緩やかな斜面の植林帯を目指す。広い植林帯を突っ切り、右に折れ返すと廃道化した踏跡が出てきて谷中へと続いている。

エピソード

この時の山行は本谷を登る計画だった。地図を見ればわかるように、この谷は本谷と左俣以外には谷と呼べる地形は皆無。だから谷が分岐すれば右の谷に入るべきとなる。実は連段のCS滝の上で左岸に滝を架けた谷が入るのを見たのに、水が全く流れていないので何の疑いも持たずに直進する谷を進み、左俣を遡行する結果に終わってしまった。これは地図をしっかり頭に叩き込んでいれば避けられた初歩的なミス。だから肝心の黒滝を見損なった。

参考タイム

林道駐車地――出合いすぐ上流六メートル滝下（15分）二段四メートル斜瀑上（1時間）遡行終了地点（1時間）遡行開始地点（1時間30分）駐車地（15分）

吉野川支流中奥川支谷

3 戸《と》倉《くら》谷《だに》

＊ランク　中級者
＊行　程　日帰り
＊地形図　大和柏木

〈概況〉

台高主稜の赤嵓山《あかぐらやま》から西に派生する支稜の戸倉山辺りを源頭にする谷で、上流域はいささか平凡だが、出合いから五〇〇㍍《メートル》ものゴルジュが続き、その間の厳しい溯行を強いられる事でしられた、中奥川の最も人気の高い支谷。

〈アプローチ〉

松葉作りの谷の出合いを過ぎ、左上へ登って行く車道を、次に今度は下ってくる車道が合流すると、ほどなく本流左岸側の高みに威圧的な嵓がそそり立つのが見えてくる辺りで同じく対岸に小滝を架けて出合うのが戸倉谷。本流すぐ上には上流が広い河原になった堰堤があるのですぐわかる。出合い近くの林道脇に駐車可能。

〈入谷〉

車道から斜面を適当に下り、対岸の出合いへ本流を渡渉する。

〈溯行状況〉

出合いからの小滝を二つと小さなナメをやり過ごすとゴルジュが始まる。まずわずかな傾き

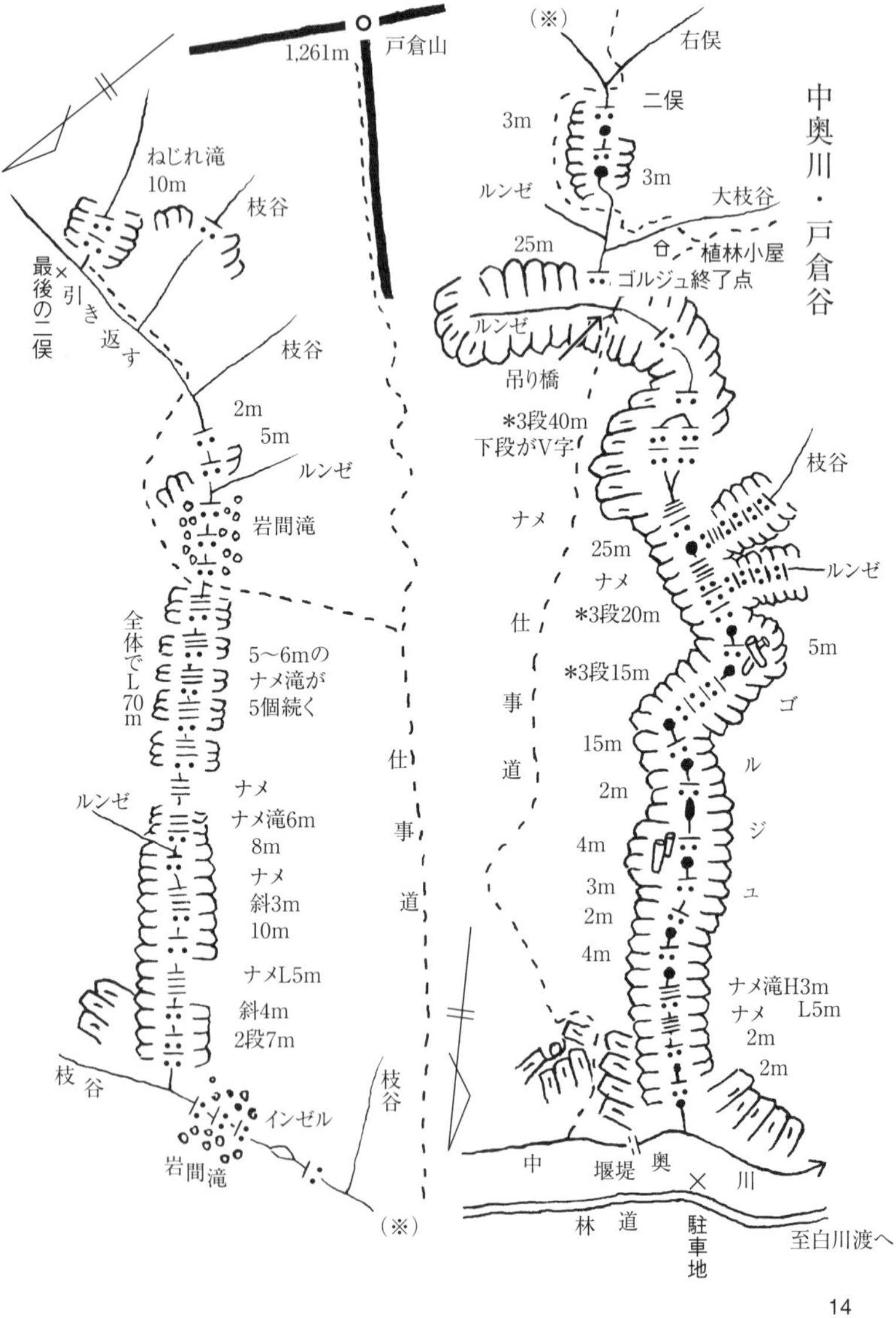
中奥川・戸倉谷
戸倉山
1,261m
ねじれ滝
10m
枝谷
最後の二俣
引き返す
枝谷
2m
5m
ルンゼ
岩間滝
全体でL70m
5～6mのナメ滝が5個続く
ナメ
ルンゼ
ナメ滝6m
8m
ナメ
斜3m
10m
ナメL5m
斜4m
2段7m
枝谷
インゼル
岩間滝
枝谷
(※)
仕事道
(※)
右俣
二俣
3m
3m
ルンゼ
大枝谷
25m
植林小屋
ゴルジュ終了点
ルンゼ
吊り橋
*3段40m
下段がV字
枝谷
ナメ
25m
ナメ
ルンゼ
*3段20m
仕事道
5m
*3段15m
ゴルジュ
15m
2m
4m
3m
2m
4m
ナメ滝H3m
L5m
ナメ
2m
2m
中奥川
堰堤
林道
駐車地
至白川渡へ

3段15m滝

3段20m滝

の斜瀑L五《メートル》・H三《メートル》。これは右岸の少し高みを辿れば簡単に落口に立てる。次の四《メートル》滝は右岸をへつり抜けるが、続く二《メートル》滝は小さいのに直進出来ず、左岸から巻き越える。続いて三《メートル》滝と四《メートル》滝を簡単に越えると、細長い淵が出てきて、このへつりにてこずる。

さらに上の二《メートル》滝は前の二《メートル》滝同様、小さいのに右岸を巻かされた。一旦、流れに戻るが、すぐ一五《メートル》滝が行く手を塞ぎ、今度は右岸から高巻く。再び谷に戻ると三段一五《メートル》滝が現れ、ここは左岸の急傾斜のリッジを攀じ抜ける。次の五《メートル》滝を左岸側に詰まった流木を伝って越えると下二段がナメ状で、上段は一〇《メートル》の斜瀑三段二〇《メートル》滝を迎える。

ここは滝の途中で左岸から右岸に向かって垂れ下がった錆びたワイヤーを伝って下二段は右岸をへつり、上段は右岸少し上部を巻き越えた。

3段40mの下段V字滝

滝の上部に続くナメを過ぎると、またもや下部はナメ状だが、上部に行くほど立ち出して最上部が直瀑の二五メートル滝が架かる。ここは少し手前から右岸をバック気味に攀じ、滝横に落ちるガリーを渡ってから流れへと近づき、落口上部のナメ床へと下りた。

　するとナメ床は右にカーブし、曲がり切った所に三段四〇メートル滝を落としている。上段が直瀑一〇メートルで、中段は中央の斜傾した岩盤が盛り上がっているために二つに分かれて二段に落ち、最後はV字状になって一本に戻る滝だ。

　ここは下段を右岸側から攀じ、中段は中央の岩盤上を攀じ登る。上段は直登が無理で、流れを左岸に渡り、少し高巻いて落口に登り出た。そこで両岸を垂壁に囲まれた谷は左に折れ、流木と大岩の詰まる岩間滝を越えると、谷の上に吊り橋が架かり、左岸垂壁から二五メートル滝が直角に落ちる。一見、直進する谷が本谷のように見えるが、実は短いルンゼ。

　ここも高巻くしか手がなく、少しルンゼの方に入った所から左岸壁を木の枝根や垂れ下がった古いワイヤーを頼りに強引に壁上へ攀じ上がり、藪を漕いで落口へ登り出た。これで出合いからのゴルジュは終わる。ここから左岸側に続く山道を少し辿ると、現在も使用されている植林小屋へと導かれた。

ここから再びすぐ下の流れへと戻る。しばらく凡流を進むと三《メートル》滝が二つのあとで二俣となり、左の本谷に入る。小滝やインゼル、続いて岩間滝が連続するが、下流のゴルジュとは対照的な凡流が続く。

やがて直進する枝谷を見送り、右に折れている本谷に足を踏み入れると、ほどなく滝が連続して出てくる。まず二段七《メートル》滝を右岸のへつりで越えて上の斜瀑四《メートル》を直登する。続くナメL五《メートル》のあとの簾状に落ちる一〇《メートル》滝は左岸を小さく巻き上がり、斜瀑三《メートル》とナメを難なく通過して八《メートル》滝を迎える。

これは手も足も出ずに左岸を高巻くが、これが酷いイバラの藪漕ぎで、流れに戻った時には両手は血だらけ。上流にはナメ滝が連続しているが、この辺りから伐採木や倒木、それにイバラが谷中を埋めて歩き憎い。ナメ滝が途切れてゴーロに入る手前で仕事道が谷を横切る。

ゴーロ帯の幾つかの滝をたいした事なく通過し、五《メートル》滝と二《メートル》滝をやり過ごすと、またも凡流になって枝谷を左岸に二本見送る。ほどなく次の二俣で、左の谷に一〇《メートル》滝が捩じれながら落ちる。尾根まではあと一五〇《メートル》ほどの地点だが、残り時間がなくなったし、滝場も終わりと見て、ここで遡行打ち切りとした。

〈下山〉

帰りは左岸流れそばに続く仕事道を下る。この道は途中で右岸に渡り返したあと、再び左岸に移って流れから一旦離れ、尾根から下ってくる道と合流して植林小屋へと帰り着く。あとは吊り橋を渡って一本道を下るわけだが、途中で山抜けしている事もあり、最後は一気の下りなので気が抜けない。

ポイント

ポイントはゴルジュの通過となろう。どの滝も人工登攀なら大概が登れるし、その方が楽しい。ただし時間が掛かり、ゴルジュの通過だけで四時間以上見ておく必要があろう。

注意点

ゴルジュを人工登攀で直進する時には上級者向きの谷になるので、慣れない人は無理せずに高巻く事も考えよう。

見所

五〇〇㍍も続くゴルジュの全体像。出来るだけ谷中を直進し、次々に出てくる一〇㍍以上の滝々の様を間近で見てほしい。

エピソード

三月にゴルジュの突破を計った時の話。落口に流木の横たわる四㍍滝はトップが左岸壁を巧みにへつり抜け、滝上からハーケンをピンにシュリンゲを後続のために投げ降ろした。しかし私はシュリンゲに頼らずに抜けてみようと壁に取り付いた。思っていた以上にホールドがあり、へっぴり腰ながら前進出来る。しかし落口まであと二、三歩かと頭を上げた途端にツルリ……。反射的にクルリと振り向いて自発的に釜へと飛び込んだ。釜は背の届かない深さだがザックの御蔭で首までで止まったものの、これで今日の溯行も中止かと思いながらメンバーの失笑に迎えられて釜から泳ぎ上がる。ところが念のためにと着ていた冬山用のジャケットが防水効果を発揮して、ほとんど濡れずにすんだ。

参考タイム

駐車地――ゴルジュ終了点（1時間20分）植林小屋（20分）二俣（15分）最後の二俣（1時間）植林小屋（30分）仕事道で駐車地へ（30分）

吉野川支流中奥川支谷

4 半左衛門谷《はんざえもんたに》から薊岳《あざみだけ》へ

＊ランク　初心者
＊行　程　日帰り
＊地形図　大豆生

〈概況〉

台高山脈前衛の秀峰・薊岳へ東側から突き上げる谷で、大滝の高巻きに苦労を強いられるだけで、他にはたいした悪場がなく、溯行価値は低いかもしれない。しかし時間を持て余した時の手頃な谷だし、道のある登山に食傷気味の人には薊岳へのバリエーションルートになるのではと思う。

大滝を避けたいと思うのなら途中で一箇所、左に傾斜した長い斜瀑の通過に手間取るかもしれないが、薊岳に直接突き上げている左俣の四郎兵衛谷の方が楽だろう。私は溯行していないが、この谷の左岸支谷には黒滝谷やヌケ谷といった短い谷があり、初心者の日帰りコースとして面白いかもしれない。

〈アプローチ〉

戸倉谷出合いの奥でトンネルを抜けると、林道は右に赤嵓谷《あかぐらだに》を見送って北に向きを変える。これをさらに終点まで入った所がタンノ谷と半左衛門谷の出合い。大阪から二時間半ほど。

〈入谷〉

堤防の崩れ目から左下の流れに降りて右岸に

渡り、かすかな踏跡を辿って上流へ進む。すぐに広い台地となった作業場跡があり、右手から流れのあるダンノ谷が合流するが、目指す左の半左衛門谷には流れはない。ここから谷に降りて溯ってもよいし、さらに踏跡を辿っても自然に谷中に入る。

〈溯行状況〉

右岸に垂直に近いガレた壁の崩壊を見る全行程の四分の一にも当たる地点まで伏流が続き、傾斜も緩くて単調な谷歩き。涸れ滝二〇メートルを架けて左岸からヌケ谷が出合う辺りから滝が出始めて面白くなる。

右岸のザレ場の上部を巻き上がる事になる六メートル滝を過ぎると、ほどなく二俣。左に四郎兵衛谷を見送って右俣に入る。連続するナメ滝や小滝を適当にこなし、前門の五メートル滝を右から、二段六メートル滝を中央突破で越えると二俣になった左俣の入口に大滝を迎える。ブラインドになっていて下からは三〇メートル辺りまでしか見えないが上にも滝が続き、ある記録では五〇メートルとされる中奥川流域では最大級の大滝だ。

上２ｍ下６ｍの２段滝

目指す本谷はこの大滝の落ちる左俣だが、薊岳と台高主稜とを繋ぐ尾根上の一三三四メートルピークとの中間辺りに飛び出る右俣にも入口から滝が連続し、三つ目に落ちる七メートル滝のクリアーに

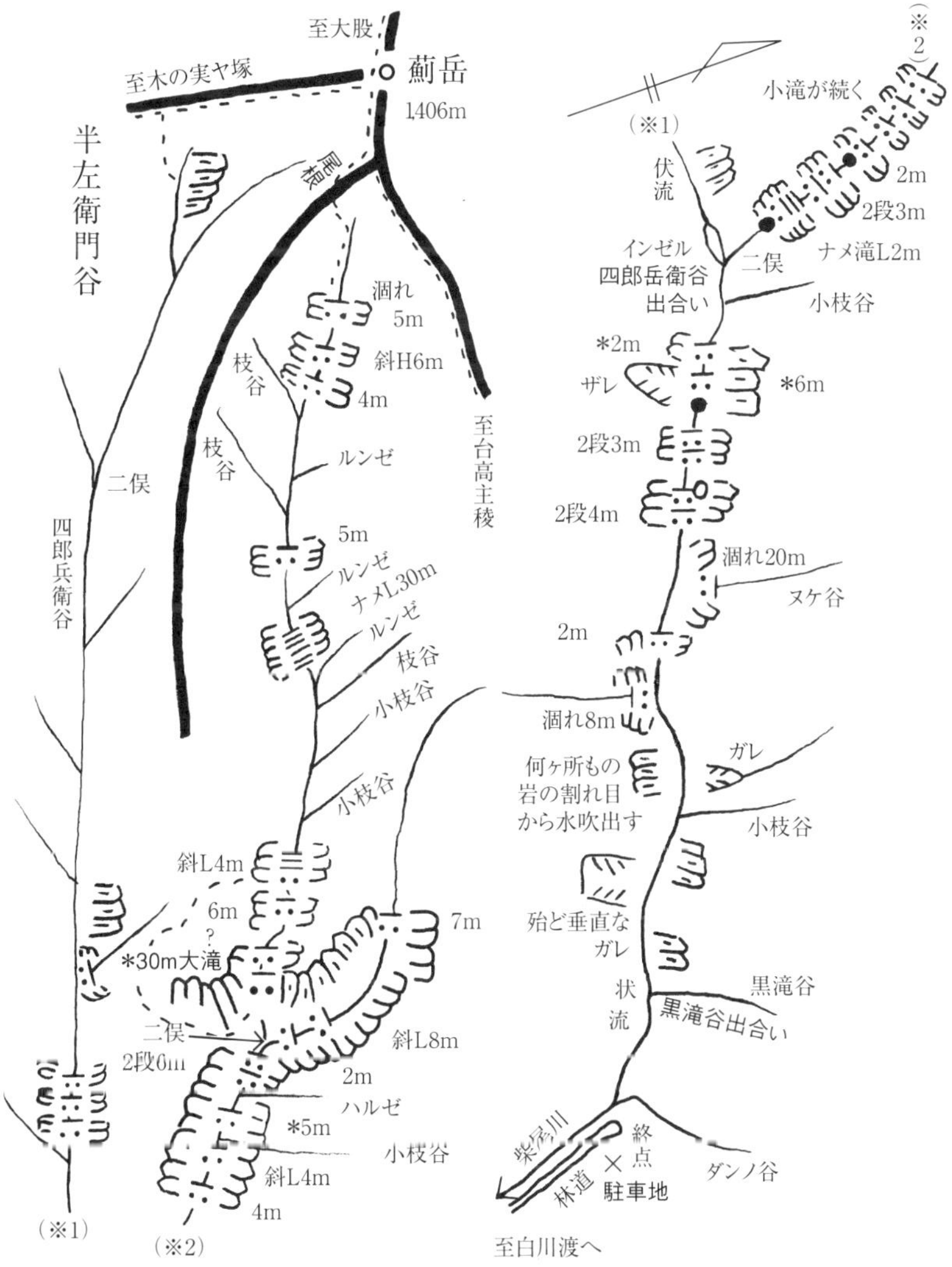

至大股
薊岳
1406m
至木の実ヤ塚
半左衛門谷
尾根
涸れ
5m
斜H6m
4m
枝谷
枝谷
ルンゼ
至台高主稜
二俣
四郎兵衛谷
5m
ルンゼ
ナメL30m
ルンゼ
枝谷
小枝谷
小枝谷
斜L4m
6m
?
7m
*30m大滝
二俣
2段6m
斜L8m
2m
ハルゼ
*5m
小枝谷
斜L4m
4m
(※1)
(※2)
(※2)
小滝が続く
(※1)
伏流
2m
2段3m
インゼル
ナメ滝L2m
二俣
四郎岳衛谷
出合い
小枝谷
*2m
ザレ
*6m
2段3m
2段4m
涸れ20m
ヌケ谷
2m
涸れ8m
何ヶ所もの
岩の割れ目
から水吹出す
ガレ
小枝谷
殆ど垂直な
ガレ
伏流
黒滝谷
黒滝谷出合い
柴屋川
林道
終点
駐車地
ダンノ谷
至白川渡へ

5ｍ滝

は手こずりそう。

　大滝は右岸からの高巻きとなるが、立ちはだかる岩壁に右への折り返しを阻まれ、どんどん左に追いやられる。結果として、ようやく出てきた壁の切れ目から右に折れ返してさらに登り、大滝の上に続く六《メートル》滝も一緒に巻いて谷へ戻る事になる。上流は谷幅が狭まって二俣状が三度連続、これを全て左へと進路をとる。

　その先は表面がガタガタしたナメ床が長さ三〇《メートル》以上続く細い流れの中を楽しく直進。次の五《メートル》滝を越えたあとの二俣と次の二俣を右に進み、四《メートル》、斜L六《メートル》の二つの滝を越え、最後に五《メートル》の涸れ滝を越える。谷はその先で終了し、あとは左上へと山腹を攀じて尾根に出る。

　そこから右手に見える高みを目指すとしばらくで右手から別の尾根が合流。それは台高主稜から薊岳へ続く尾根で、左に一登りすると頂上に飛び出す。

30m 大滝，上にはさらに２段続く

〈下山〉

元のルートをそのまま下るのもよいが、大滝の巻き下りが大変なので頂上から南に派生する尾根をコルまで下り、四郎兵衛谷を下る方が楽だし、違う谷の様子も見られるので賢策かもしれない。

ポイント

やはりなんといっても大滝の高巻きだろう。ここは右岸を高巻くわけだが、左へと張り出した岩壁に阻まれて壁下を嫌というほど左へ左へと追いやられるから焦らない事。右に折れ返す地点からも少し登りながら流れに近づいて行くトラバースなので地形をしっかり確かめてほしい。

注意点

大滝以外に難しい所はないが、二俣手前の六《メートル》滝の右岸の高巻きルートはザレ場の上部の踏跡を辿る事。うっかりザレ場に入ると滑落しかねず、冷や汗を掻く事になる。

見所

勿論、大滝が見所ではあるが、他にも前半の伏流帯で右岸に続く岩壁の割れ目から水の噴き出している様子なども面白い。

参考タイム

林道終点駐車地——黒滝谷出合い（20分）四郎兵衛谷出合い（1時間30分）三〇《メートル》大滝下（20分）尾根（40分）薊岳（15分）林道終点駐車地（2時間）

吉野川支流北股川支谷

5 ムラダチ谷

＊ランク　初心者
＊行　程　(前夜発)日帰り
＊地形図　大豆生

〈概況〉

北股川中流域左岸支谷で、滝の数も少なく、どちらかと言えば小谷の部類に入るだろう。しかし二〇～三〇メートル級の滝が数本架かり、なかなか侮り難く、日帰りの谷としては面白い。

〈アプローチ〉

国道一六九号線の大迫ダムから筏場への道に入り、栃谷から北股林道を進む。林道が右岸に移って柏原谷出合いを過ぎると、ほどなく対岸にムラダチ谷出合いを見る。大阪から二時間半。

〈入谷〉

林道が出張った所にある踏跡で斜面を下って北股川の流れに降り、対岸の出合いへ渡渉。

〈遡行状況〉

入口からしばらくは巨岩のゴーロ帯。予想に反して谷幅はかなり広い。これが終わって流れが左にカーブを切ると、その先に最初の八メートル滝が現れる。両側を岩壁が完璧にガードし、直登は無理なので少し下った左岸のザレた急斜面から巻く。ずいぶん高くまで登らされ、ようやく滝身の方へ近づけて滝の落口が見えたと思ったら、その上にも上部が直瀑で、下部半分が斜瀑になった一五《メートル》滝があって降りられない。仕方なく、そのまま滝を見ながら直上し、その上の三《メートル》の斜瀑を越えた所で谷へと降りた。

　ここからしばらくは凡流で、やがて短いが傾斜の強いゴーロの先で右手にも水量は少ないが

8ｍ滝

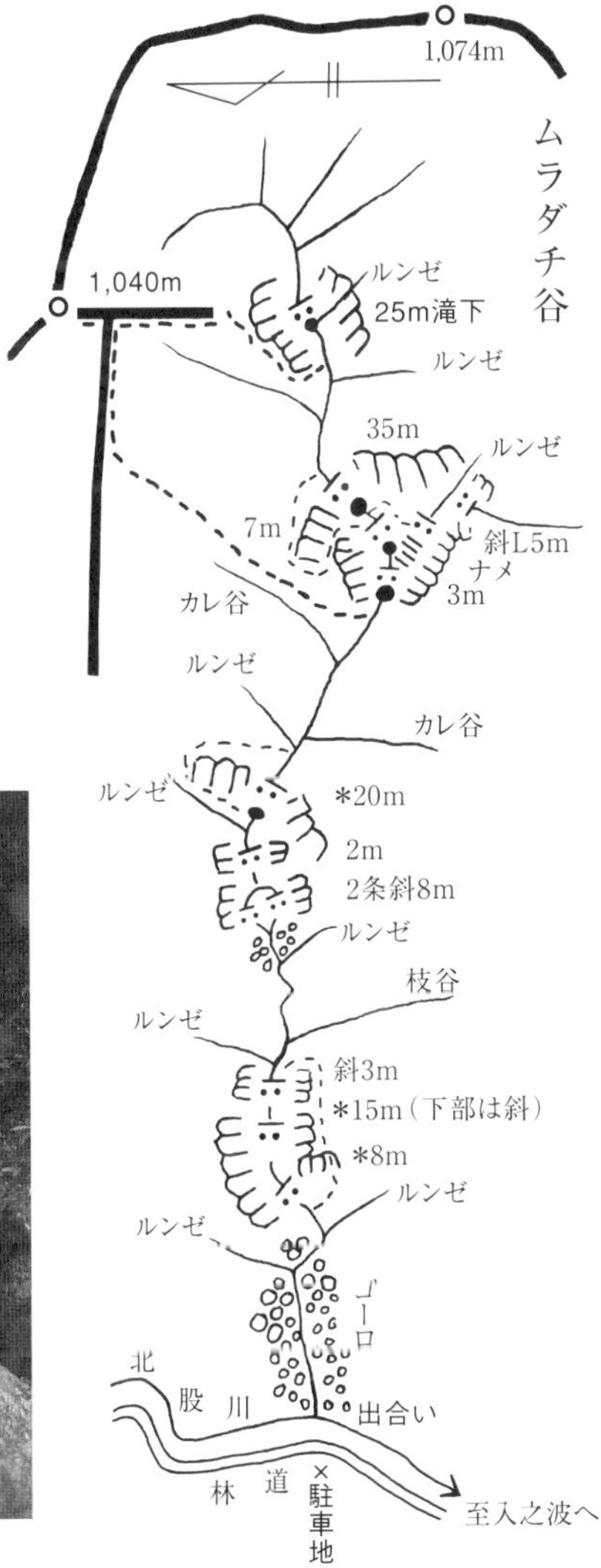

20m 滝

8 m滝すぐ上の 15 m滝

直瀑を持つ八《メートル》の斜瀑に突き当たる。ここは真ん中の岩盤を攀じて落口に出れる。次にすぐ上の二《メートル》滝を越えると谷は右にカーブして豪快な二〇《メートル》滝が出てくる。ここは取り付く島がなく、滝の手前の右岸ルンゼから高巻いて行く。すると上手く岩壁の隙間を越えられ、出てきた踏跡で落口少し上流へ辿り下る。

ここから上流はまたしばらく平凡な流れ。ほどなく前方に高い嵓が聳え立ち、その下の三《メートル》滝の上で谷が二分する。右の谷はナメ床が続くルンゼ状の小谷で、左の本谷は左に折れ、すっきりした七《メートル》滝を落とす。三《メートル》滝を乗り越え、七《メートル》滝は一旦、右の谷に入ってから斜傾した左岸壁をへつり抜けて落口に立つ。すると目の前には丸い大きな空間が広がり、横に長く連なる高い岩壁を割って浅いが大きな釜に向かって三五《メートル》の大滝が落下し、一瞬度肝を抜かれる。

ここは高巻くしかないと右岸の斜面を登る。すぐに滝横から続く岩壁に遮られるが、この壁は屏風のように薄っぺらで、その裏側から壁上に登り出れない事はない。しかし同行者に無理をさせたくないので、この壁の裏側下に沿って斜上し、出てきた壁の割れ目を右に切り返してのモンキークライムで上部に向かってかすかな踏跡が続く小尾根の上に登り出た。結構傾斜が強く、途中から安全を期してザイルを使う。ずいぶん高い所まで登らされてしまったが、そこから一気に谷に向かって急斜面を下ると、丁度滝の落口だった。上流は一㍍ほどしかない落口すぐ上で急激に右に折れて大きく広がり、右岸側は傾斜の緩い広々とした斜面で、水量もわずかしかないので何か源流域の佇い。

ところがしばらくで流れが左に折れると、そこには二五㍍滝が待ち構えていた。ここも右岸から高巻くしか手がないと広い斜面の踏跡を拾い登る。しかし安全を期するあまり、左へ左へと大高巻きしてしまい、本谷からずいぶん離れた小尾根に登り出てしまっていた。谷に戻るかで迷ったが、本谷も残りわずかなはずだし、小尾根には明瞭な踏跡が上部へ続いていたので、ここで溯行を打ち切って一〇四〇㍍ピークに登り、そこから地獄谷を下る事にした。

〈下山〉

われわれは一〇四〇㍍ピークからの尾根筋でうっかり左に下ってしまい、ムラダチ谷に舞い戻ってしまったが、尾根から右に下って地獄谷を下降するのが早い。それと本谷を詰めて一〇七四㍍ピークまで詰め上がったら、左岸尾根を辿り、途中からムラダチ谷に戻るのがよい。

ポイント

最後の二五メートル滝の高巻き。大きく巻き過ぎると、われわれのように谷に戻れなくなる。右岸から巻いて滝の横壁の裏側基部を攀じて壁上に出れば最短で滝上へ出られるが、高さが二〜三メートルあるので慎重に。この谷を後に溯行した仲間の記録によれば左岸から巻いて上流の五メートル滝、小滝、三メートル滝を越えて左岸尾根に登り出たとの事だ。

注意点

最初の八メートル滝の巻き上がりは左岸のザレ場を出来るだけ低い所から滝横の岩壁へ渡る事。上部ほど傾斜が増して渡るのが苦しくなる。

見所

この流域では珍しい植林の全く見られない自然林に覆われた谷筋。大滝と樹林が織りなす自然の素晴らしさを満喫してもらえたらと思う。

参考タイム

林道駐車地——ムラダチ谷出合い（10分）二五メートル滝下（3時間）一〇四〇メートルピーク（40分）駐車地（3時間）

吉野川本流本沢川支谷

6 黒《くろ》石《いし》谷《だに》

＊ランク　中級者
＊行　程　前夜発一泊二日
＊地形図　大台ケ原山

〈概況〉

大迫《おおさこ》貯水池の上流で北股川を分けたあとで最初に入る本沢川最大の支谷。それだけに、この谷自体も深切谷や菅平谷などの名のある支谷を持つし、本谷には何本もの名を持つ滝があって溯行価値の高い谷として知られる。源流部は凡谷になるので途中で打ち切り、その時に右岸の山道を下れるから便利。

〈アプローチ〉

ムラダチ谷への北股林道を左に見送り、さらに直進して奥へ進むと、民家が数軒建つところで車道は大きく右にカーブを切り、すぐまた左に切り返して流れに架かる橋を渡る。この橋の下の流れが黒石谷で、橋を渡った先で林道が右に分かれる。車止めが開いていたり閉じていたりして判断に迷うが、近くの民家の人に確かめて入れるなら奥へと進み、駄目なら、その付近に駐車。大阪からは三時間前後。

〈入谷〉

林道終点までの流れにも名のある滝が数本架かるが、林道のために溯行価値が弱められ、車が入れたとしても溯行は林道終点からとなる。

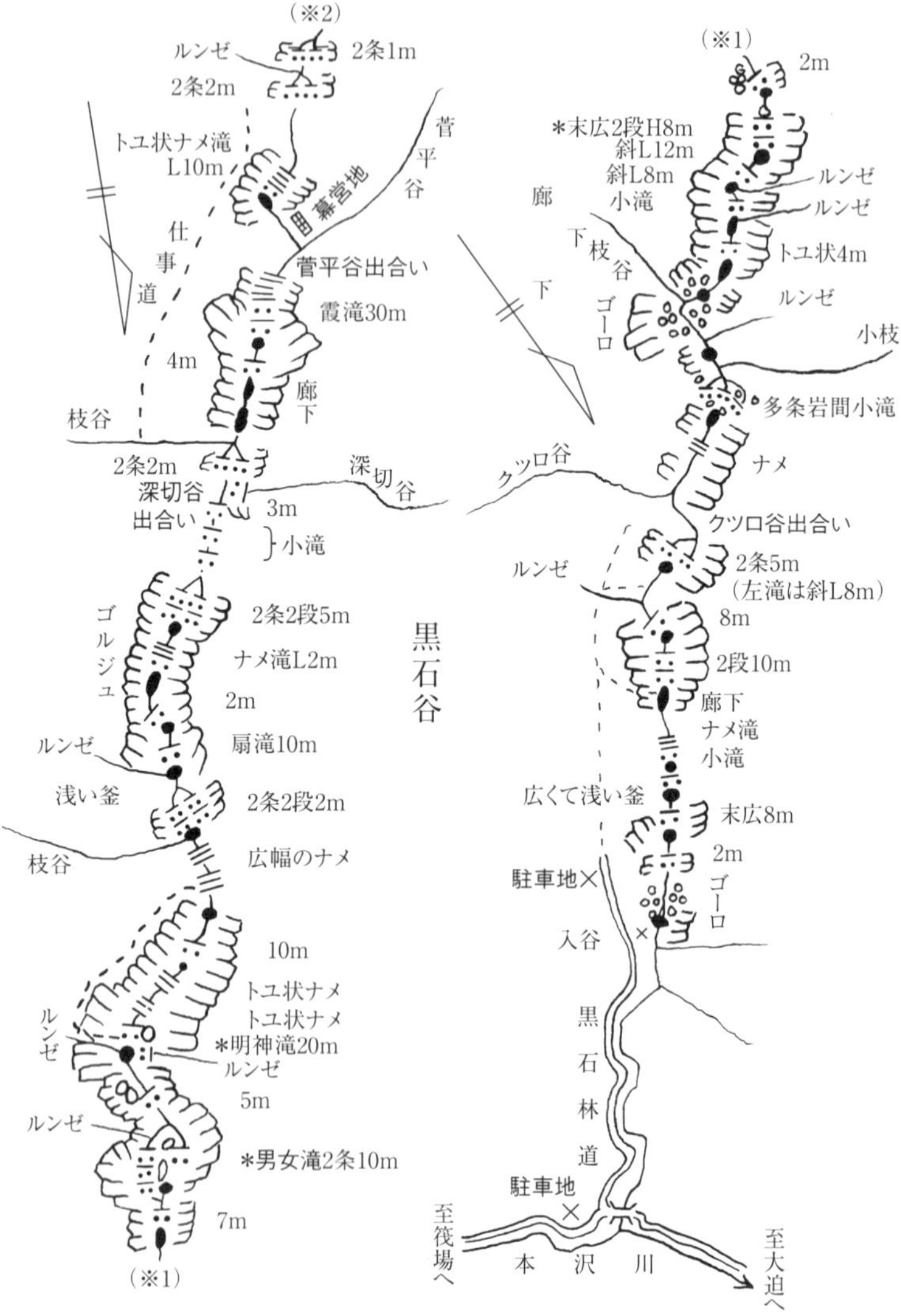
(※2)
ルンゼ
2条1m
2条2m
トユ状ナメ滝
L10m
幕営地
菅
平
谷
仕
事
道
菅平谷出合い
霞滝30m
4m
廊
下
枝谷
2条2m
深
切
谷
深切谷
出合い
3m
小滝
2条2段5m
ゴ
ル
ジ
ュ
ナメ滝L2m
2m
黒
石
谷
ルンゼ
扇滝10m
浅い釜
2条2段2m
枝谷
広幅のナメ
10m
トユ状ナメ
トユ状ナメ
ル
ン
ゼ
*明神滝20m
ルンゼ
5m
ルンゼ
*男女滝2条10m
7m
(※1)
(※1)
2m
*末広2段H8m
斜L12m
斜L8m
小滝
ルンゼ
ルンゼ
廊
下
廊
下
枝
谷
トユ状4m
ゴ
ー
ロ
ルンゼ
小枝
多条岩間小滝
ナメ
クツロ谷
クツロ谷出合い
ルンゼ
2条5m
(左滝は斜L8m)
8m
2段10m
廊下
ナメ滝
小滝
広くて浅い釜
末広8m
2m
駐車地
ゴ
ー
ロ
入谷
黒
石
林
道
駐車地
至
筏
場
へ
本
沢
川
至
大
迫
へ

6 黒 石 谷

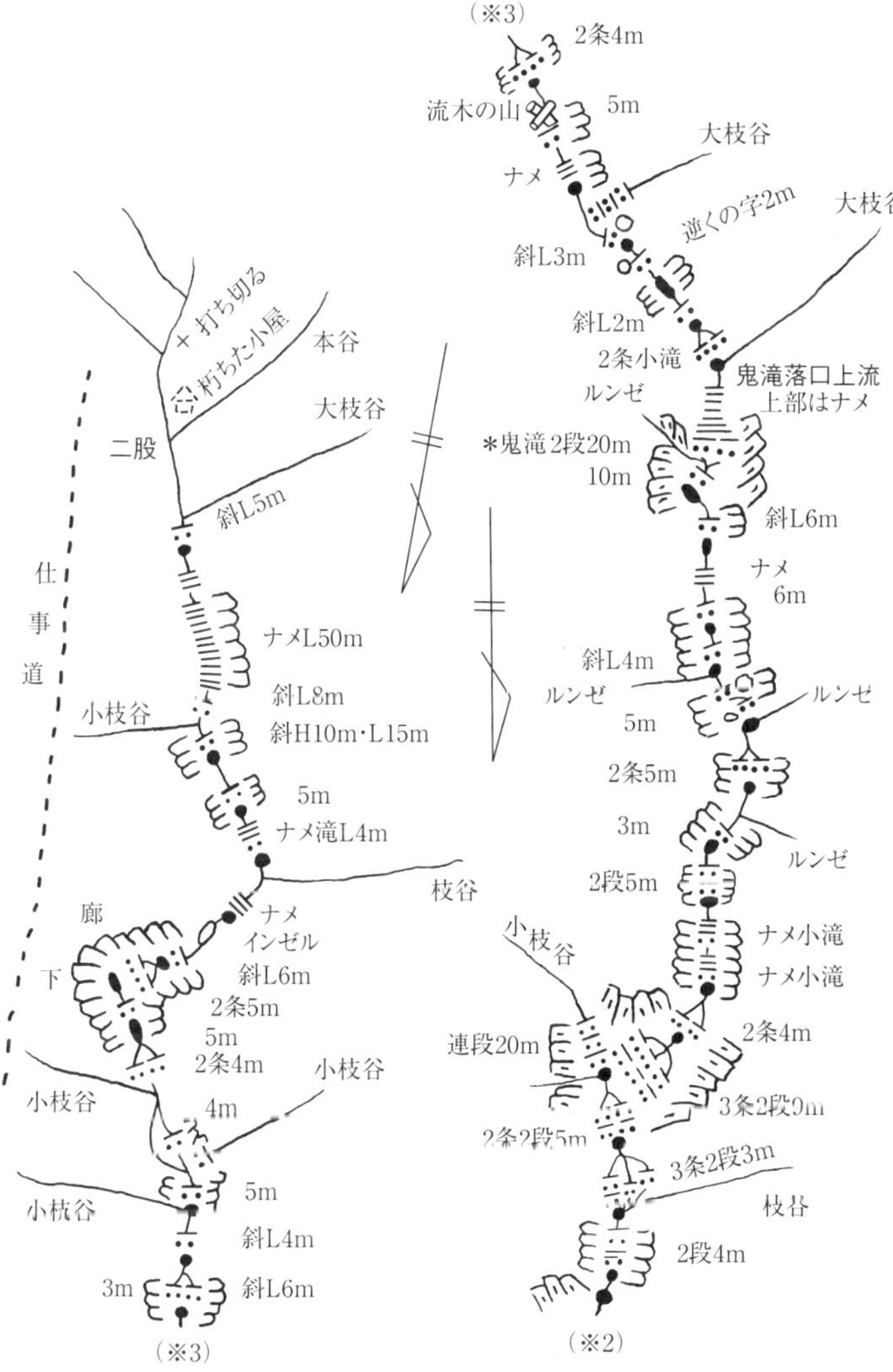
(※3)
2条4m
流木の山
5m
大枝谷
ナメ
逆くの字2m
大枝谷
斜L3m
斜L2m
2条小滝
鬼滝落口上流
上部はナメ
ルンゼ
*鬼滝2段20m
10m
斜L6m
ナメ
6m
斜L4m
ルンゼ
ルンゼ
5m
2条5m
3m
ルンゼ
2段5m
ナメ小滝
ナメ小滝
小枝谷
連段20m
2条4m
3条2段9m
2条2段5m
3条2段3m
枝谷
2段4m
(※2)
+ 打ち切る
朽ちた小屋
本谷
大枝谷
二股
斜L5m
仕事道
ナメL50m
斜L8m
小枝谷
斜H10m・L15m
5m
ナメ滝L4m
枝谷
廊下
ナメ
インゼル
斜L6m
2条5m
5m
2条4m
小枝谷
小枝谷
4m
小枝谷
5m
斜L4m
3m
斜L6m
(※3)

徒歩だと終点までは二〇分ほど。

〈遡行状況〉

〔一日目〕　駐車地のすぐ横から流れへ入る。しばらくの河原歩きで大きな釜を越えるとゴーロとなり、そこに末広がりの八メートル滝が架かる。この滝を左から小さく巻くと、次の小滝を越えた先にゴルジュを迎え、細長い淵を従えた二段一〇メートル滝に続いて八メートル滝が落ちる。ここは踏跡を拾って右岸を巻き上がっていたら山道へ出てしまった。

　この山道をしばらく辿り、下りやすい斜面から流れに戻ると、ゴルジュはすでに抜け、二条五メートル滝と対面する。左の滝がL八メートルの斜瀑なので、この左壁沿いをへつり上がる。右岸からクツロ谷を迎えて本谷はしばらく平凡。

　やがて短いゴーロを過ぎると大きな長い淵が

末広2段H8mL12m

入口を固守するゴルジュが出てくる。奥のトユ状四メートル滝は淵を泳げば通過は可能だが、左岸の踏跡を拾って巻き越えた。その先には細い流れの斜瀑L八メートルに続いて下段が綺麗な末広がりの斜瀑二段L一二メートル・H八メートルが待ち構える。ここは流れの右サイドを攀じ、途中から左へ移って抜け上がる。

ここで一旦、壁が切れるが、次の二メートル滝を過ぎると、再び壁が立って大釜を持つ七メートル滝の登場。これはあっさり右岸を巻く。すると右手から形のすっきりした直瀑一〇メートルが落ち、左手が大きく抉れている。よく見れば滝の左の岩棚の向こうに幅広い三段の滝も落ち、これが二条一〇メートルの男女滝だった。見た日には難しそうだったが、中央の岩棚を攀じて巻かずに越えられた。

男女滝2条10m

次の五メートル滝は左の大岩に登り出てから越え抜ける。谷は左に折れたと思ったらすぐに右に折れ返し、その先に大滝を架ける。水量豊かで豪快な二〇メートルの明神滝だ。ここは左から大きく高巻き、滝の倍ほども登った所から、すぐそばの流れに下る。下流に戻って見ると下には一〇メートルの下滝が架かり、その下の二本のトユ状のナメの下が明神滝の落口だった。

ここから谷は大きく開け、幅広いナメが出て

明神滝 20 m

くる。右岸から枝谷を入れて間もなく裾広がりの一〇《メートル》滝を迎える。形を見ただけで扇滝だとわかる。左から巻きながら流れを覗くと奥は廊下だ。踏跡を辿っていると高い所まで巻き上げられそうなので、途中から懸垂で廊下の中に降りる。廊下は小滝とナメと二段五《メートル》滝で、あっけなく終わる。幾つかの小滝をやり過ごすと三《メートル》滝を落とす大きな深切谷が左岸から入る。

このあとは再び短い廊下。深い淵が二つ連続して出口に四《メートル》滝が架かる。右岸壁を際どいバランスでへつって廊下を通過し、途中で一旦腰を打ってはいるが三〇《メートル》の豪快な滝を迎える。これがこの谷随一の大滝・霞滝だ。ここも右岸からの高巻きとなるが、またも山道に登り着いてしまった。しばらく山道を辿り、ほどよい所から流れに戻ると、すぐ右岸から菅平谷が合わさる二俣で、その上流の作業小屋跡を幕営地とした。

〔二日目〕ここからしばらくたいした滝は出てこない。大釜を持つ三条二段九《メートル》の美瀑も左岸に明瞭な巻き道がある。二段になって捩じれ落ちる五《メートル》滝は木の枝に投げ縄して越える。このあとも出てくる滝を適当にこなして行くと、流れが左にカーブして細長い釜の奥に右から一〇《メートル》滝を落とし、その上にも二条二〇《メートル》滝が架かる。一〇《メートル》滝は左上から垂れ下がるワイヤーを頼りに登り、二〇《メートル》滝は一般的な左岸からの高巻きをせず、難しい左滝の左側を登る。ところがこれが思った以上に厳しいルートで、登り終えて山道に出た時には冷や汗ビッショリだった。この滝が鬼滝だとはあとで気がつく。

これで谷の悪場は全て抜けた事になり、ポッポッと出てくる大きくても五《メートル》程度の滝を越えて行く。やがて二条四《メートル》滝を越えると久し振りに廊下となり、ここは左岸の巻き道で中の三つの滝を巻いて出口で流れに戻る。ほどなくすると、上部にナメ状の斜瀑がL一〇《メートル》以上続く一〇《メートル》滝を迎え、右岸から釜を回り込んで滝横を攀じ上がる。このあとすぐのナメ状斜瀑L八《メートル》を通過したら美しいナメ床が五〇《メートル》も続き、心が洗われるような思いに浸る。左岸に大枝谷を見送ってほどなくすると、出合いに朽ちた小屋のある二俣に着く。もう上流には見るべきものもないらしいので、この先の少し上流で溯行を打ち切った。

鬼滝2段20 m

〈下山〉

流れを戻り、長いナメの下で右岸に入る小枝谷辺りから右岸の踏み跡を拾って上部の山道に出る。あとは、この山道を林道終点へ下る。

ポイント

鬼滝のクリアー。一般的には左岸を巻いているようだが、二条の右滝の右手の岩壁が見た目以上にホールドが多くて登れる。われわれの登ったルートは結構厳しい。滝下で流れを右岸に渡り、突き当たりの岩壁上部のテラスまで上がる。そこから滝身の方へと続く細いバンドを伝い、バンドの尽きた所からルンゼ状の凹角を攀じるのだが、高度感がある上に、凹角も結構立っていて勇気がいる。

注意点

男女滝での岩棚には踏跡があるが、浮き石やオーバーハングした箇所があるので出来ればザイルを出したい。いずれの時にもいえるが、厳しいと思ったら極力ザイルを出してほしい。

参考タイム

〔一日目〕駐車地――クツロ谷出合い（1時間20分）男女滝（2時間）深切谷出合い（2時間30分）菅平谷出合い幕営地（30分）

〔二日目〕幕営地――鬼滝落口上流（2時間30分）二俣（1時間30分）駐車地（3時間）

吉野川本流本沢川支谷

7 白倉又谷下部《しろくらまただに》ゴルジュ

＊ランク　中級者
＊行　程　日帰り
＊地形図　大台ケ原山

〈概況〉

　本沢川左岸沿いの林道から左に分かれて大台ケ原へと向かう筏場登山道の入口そばで左岸に注ぎ込む谷で、台高と大峰を繋ぐ吊り尾根の経ケ峰へと突き上げる。谷中一泊で尾根まで詰め上がるのもよいが、途中で馬の鞍谷を左に分ける二俣までが核心部で、この下部ゴルジュが日帰りで素晴らしい溯行の醍醐味を楽しめる。


〈アプローチ〉

　黒石谷の出合いを見送って、さらに車を林道奥へ進め、作業所が立つ筏場を越えて二分ほど先の駐車場まで入る（有料と書いてあるので注意）。大阪から三時間。


〈入谷〉

　すぐ先の車止めを越えて林道を終点の架線場まで辿り、そこから奥に続く山道の左岸枝谷に架かる橋を渡った所から入谷する。


〈溯行状況〉

　谷中はしばらくゴーロ帯で、その中に巨岩が前進を妨げるように鎮座していて一瞬びっくりさせられるが、岩の右側のトンネルが潜れてアッサリ通過。ほどなく谷は薄暗いゴルジュ状を呈し、大きな釜に落ちる三《メートル》滝を迎える。メンバーの数名は釜に飛び込んで滝を直登、その上に続く滝も登ってしまう。残りの者は右岸のリッジ状を攀じ、上の滝も一緒に巻き越えた。

斜瀑を一つ越えると一〇《メートル》のすっきりとした形のよい滝が出てくる。これは取り付く島なく、左岸を高巻く。そのあと、小滝を幾つか越えて行くと、今度は二段をなす一五《メートル》滝を迎える。

美瀑 10 m

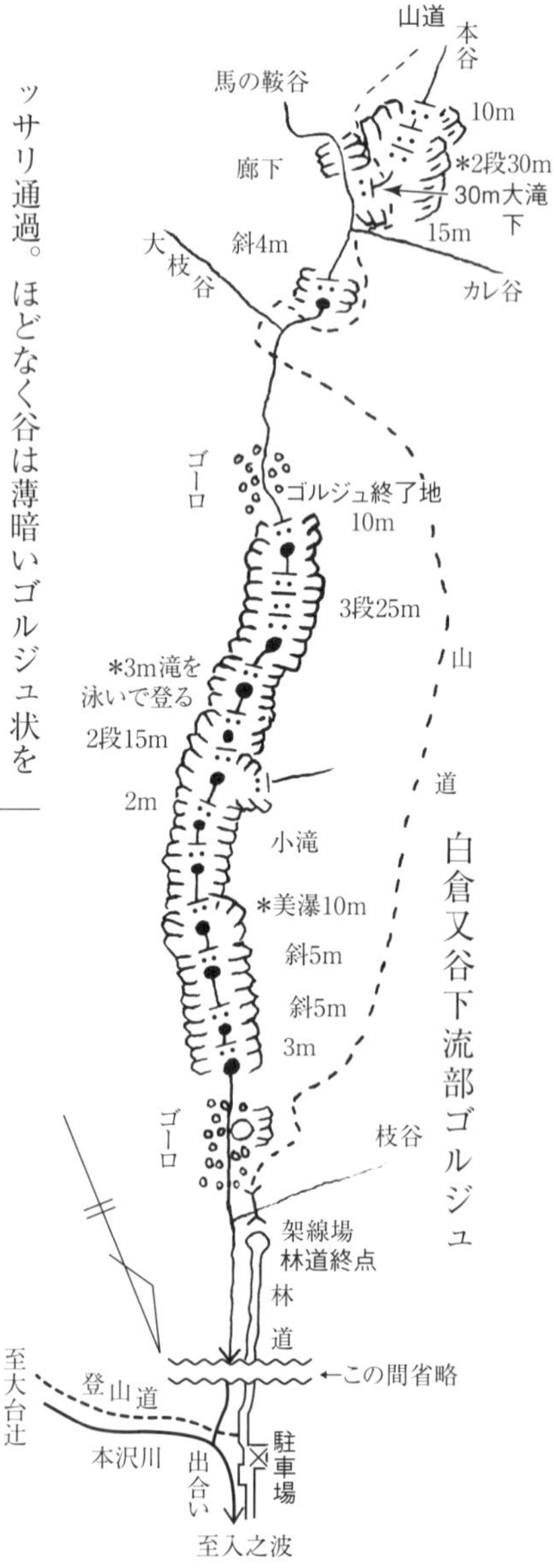

白倉又谷下流部ゴルジュ

下の滝の右岸壁を巻き気味に登り、上の滝の下を左岸に渡り返してから小さく巻き上がって次の滝の釜の前に立つ。

滝はトユ状斜瀑三《メートル》で、釜を泳げば直登が可能。空身になってザイルを付けて釜を泳ぎ、滝身を手足の突っ張りで直登する。釜を泳いだあとだから激しいシャワーも苦にならない。続いて三段二五《メートル》滝が出てくる。ここは手が出ず左岸を巻いて上流へ。

3ｍ滝を泳いで登る

続いて今度は一〇《メートル》滝。ここは滝の手前で抉れている左岸の岩壁下まで釜を泳ぎ、斜傾した岩盤に這い上がったあと、岩壁をトラバース気味に攀じて落口上流へと小さく巻き抜けた。

これでゴルジュは終わり、上流にはしばらくゴーロ帯が続く。これまでと違って全く変化のない流れで少し食傷気味。やがて右岸から本谷よりも水量が多いような枝谷が合わさると、左にわずかに首を振りながら幅広い斜瀑を落とす。これは高さが四《メートル》で、流れの中を気持ちよく登れる。続いて左岸枝谷が入ると、その先で谷は二つに分かれる。

左の谷は、ほとんどストレートに奥へと続き、入口から急に狭くなった廊下となっている。右の谷はほぼ直角に折れて下部ほど幅の広がる一五《メートル》滝を落とす。こちらが本谷で左は馬ノ鞍谷。

ここはトップがランニングを取りながらシャワーを浴びて滝身を落口へ直登し、後続はプルージックで攀じ登った。

この上で谷は大きく広がり、左に折れた所に周りを高い壁に囲まれた二段三〇メートルの大滝を架け、その上にも一〇メートル滝を落とす。右岸の山道で巻き上がれるが、日帰りで下部ゴルジュの突破が目的なので、ここで遡行を打ち切る。

2段30m滝

〈下山〉

最後に直登した滝の落口に戻り、左岸ブッシュに隠れ気味の山道を下る。途中でゴルジュを巻き越える登りがあるが、あとは一気の下りで林道終点に帰り着く。

ポイント

大釜を持つ三メートル斜瀑の突破。釜を泳いで滝身に取りつくが、水量が多いと水流に弾き飛ばされそうになるので、滝下の水中にある岩上にうまく乗る事だ。滝身は水流の中にホールドが結構多いので、これを捜し求めて登ろう。

注意点

馬の鞍谷出合いの一五《メートル》滝の滝身の直登は熟練していないと難しく、安全を期すなら滝の右側を直登するのがよいし、高巻きも出来る。

見所

連続して滝の架かるゴルジュの中。泳いだり直登したりで出来るだけ沢身を進めば、豪快な沢登りをしたと満足出来るだろう。

エピソード

ハーケンを使っての登攀で何時も苦しむのは回収。山行で最後の滝の登攀の時に私はラストではなかったが、滝上のハーケンが抜けなくなった。岩盤が邪魔して片方からしかハンマーで叩けず、かえって入り込んで行く有様。最後は大の大人三人が交代で周りの岩をハンマーで割り続け、ようやく回収出来たような次第。皆さんもお気を付けを。

参考タイム

駐車場——林道終点（20分）ゴルジュ終了地点（3時間）三〇《メートル》大滝下（2時間）山道で林道終点（40分）駐車場（20分）

吉野川本流本沢川支谷

8 黒《くろ》倉《くら》又《また》谷《だに》

＊ランク　初心者
＊行　程　日帰り
＊地形図　大台ケ原山

〈概況〉

台高、大峰両山脈を繋ぐ吊り尾根の大和岳を源頭として北に下る谷で、ゴルジュあり、美しい連続するナメありと楽しい遡行が出来る。二俣から上流は凡流となるので、二俣までを日帰りで遡行するのが面白いが、稜線まで詰め上がる場合には谷中で一泊する必要がある。

〈アプローチ〉

白倉又谷に同じ。

〈入谷〉

林道から左へ下る筏場登山道に入り、出合いすぐ上流の白倉又谷に架かる橋を渡って本沢川左岸沿いを進む。二〇分ほどで右から入る谷に架かる橋に出るが、この下が黒倉又の流れ。ここから斜面を下って流れに降りる。

〈遡行状況〉

最初の二メートル滝を越えると早速にゴルジュ。深くて大きな釜が行く手を阻み、奥には斜瀑二メートルが架かる。滝の左は斜傾したスラブ壁で、その上に下部だけがオーバーハングした右側の壁が垂直に降りてきて極端に狭い滝身を作る。ここ

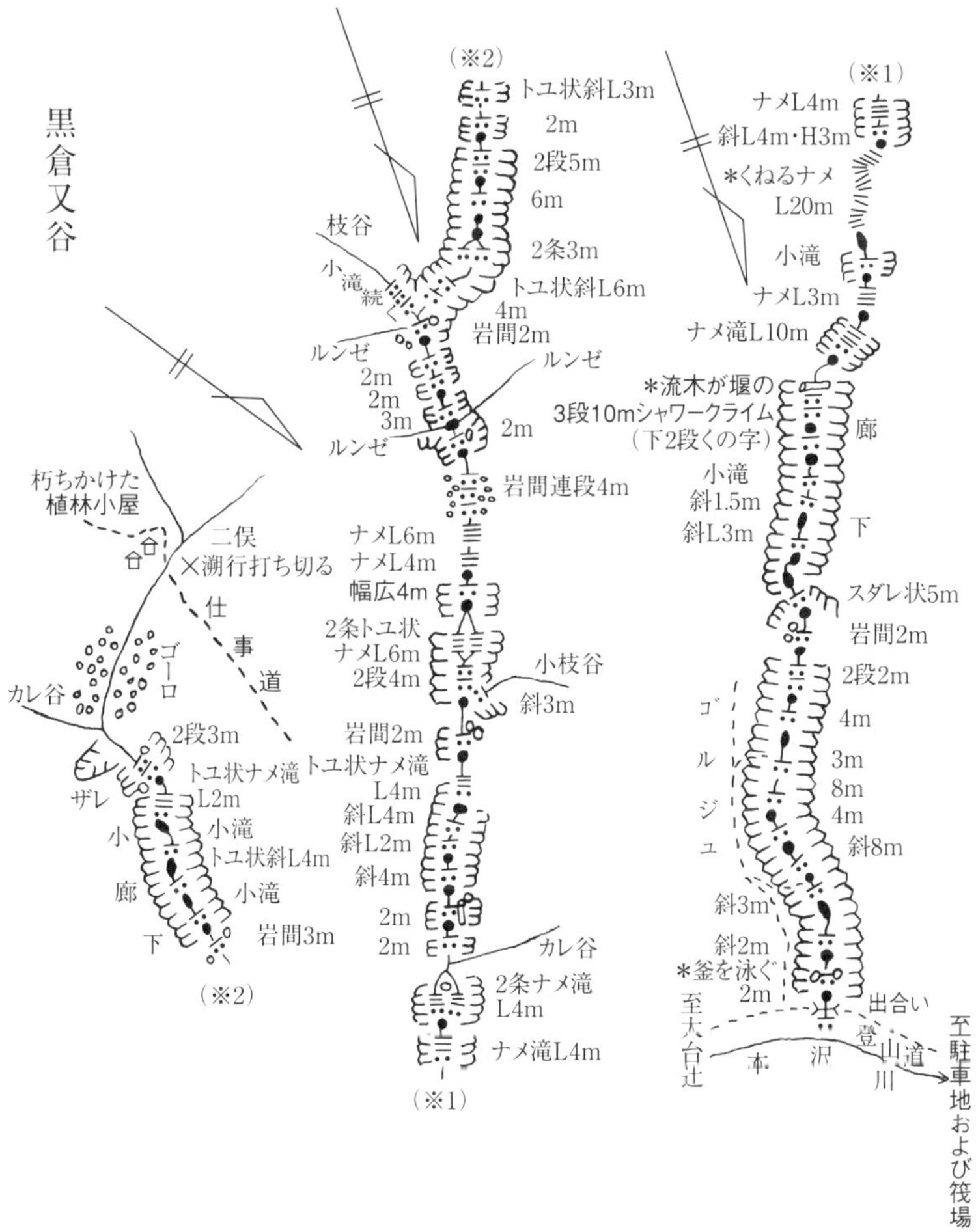
黒倉又谷
(※2)
トユ状斜L3m
2m
2段5m
6m
枝谷
2条3m
小滝続く
トユ状斜L6m
4m
岩間2m
ルンゼ
2m
2m
3m
ルンゼ
2m
ルンゼ
岩間連段4m
朽ちかけた植林小屋
二俣
×溯行打ち切る
仕事道
ナメL6m
ナメL4m
幅広4m
2条トユ状ナメL6m
2段4m
小枝谷
斜3m
ゴーロ
カレ谷
2段3m
岩間2m
トユ状ナメ滝
トユ状ナメ滝L2m
トユ状ナメ滝L4m
ザレ
小滝
トユ状斜L4m
小廊下
小滝
岩間3m
斜L4m
斜L2m
斜4m
2m
2m
カレ谷
2条ナメ滝L4m
ナメ滝L4m
(※2)
(※1)
(※1)
ナメL4m
斜L4m・H3m
*くねるナメL20m
小滝
ナメL3m
ナメ滝L10m
*流木が堰の3段10mシャワークライム(下2段くの字)
廊下
小滝
斜1.5m
斜L3m
スダレ状5m
岩間2m
2段2m
4m
3m
8m
4m
斜8m
ゴルジュ
斜3m
斜2m
*釜を泳ぐ
2m
出合い
至大台辻
本沢川
登山道
至駐車地および筏場

は泳いで突破するしかあるまいと釜に入るが、身体が暖まっていないだけにさすがに冷たい。

ゴルジュ入口の釜を泳ぐ

斜瀑に泳ぎついて登りに掛かっても流木が挟まっていて通路が一層狭まっているし、斜傾したスラブ壁なので身体を斜めに這いつくばらせてずり上がらねばならず、最初からずいぶん苦労する。

ようやく狭い空間を抜け出ると、大きく広がった谷は左に折れて、幅広いスラブ壁を斜瀑となって滑り落ちる三メートルと八メートルを連続させる。下の三メートル滝はたいして難しくないが、上の八メートル滝は登るほどに傾斜が増して途中から滑り落ちかねない。一旦登りかけたが、途中で諦めて三メートル滝の上からショルダーとシュリンゲとで右岸のテラスへ逃げ上がり、出てきた踏跡で高巻いた。

高巻く途中で谷中を覗くと斜瀑八メートルの上には周囲を岩壁に囲まれ大きな釜を持つ四メートル滝、次も同じような八メートル滝が架かり、谷に降りても詰まる事になるので一緒に巻き、次の三メートル滝でさらに谷奥へと続く踏跡を捨てて流れに戻り、続く四メートル滝を左から巻き越える。続いては二段の小滝だが、直登しようと何人かが前の釜を泳ぐ。

3段10ｍ滝をシャワークライム

小滝を一つやり過ごして、次のスダレ状滝五メートルを直登気味に越え上がると、左から斜瀑Ｌ三メートルが落ちる廊下に入る。中で小滝を二つこなして三段に落ちる一〇メートル滝の前に立つ。下二段が逆くの字形で、二段目も立派な釜を持つが、直登は見た目以上に簡単。上段の滝頭は流木が堰をなしていた。これで廊下は終わり、流れは右に折れて大きく広がる。

ここからはナメ床が連続して現れ、軽快な溯行を楽しむ。ほどなくの二段四メートル滝を楽に越え、二条六メートルのトユ状ナメに続く幅広い四メートル滝は右から巻き越えで通過。そこからも出てくる滝を難なくこなして行く。

やがて両壁が急激に狭まったところに谷幅一杯に落ちる三メートル滝が出てくる。前の釜は大きく、なにやらゴルジュを迎えた感じ。しかし左岸ルンゼから巻き上がったら、狭まっているのは三メートル滝の架かる所だけと拍子抜け。二つ、三つと小滝を越えて流れが右に折れると、ほどほどの滝が連続する滝場が始まる。

最初の四メートル滝を左の岩場から攀じ抜け、トユ状斜瀑L六メートルは手足のつっ張りで乗り越す。次の左に折れる二条三メートル滝を直登すると、滝頭すぐ上の釜に六メートル滝が架かる。直登は無理なので右岸を高巻く。谷に戻って五メートル滝を直登すると滝場は終わり、それと同時にこの谷の見せ場も終わる。幾つかの滝や小廊下が出てくるが、たいした事なくゴーロへと入る。

やがて右岸に朽ちかけた二棟の植林小屋を見ると、その少し上流が二俣。日帰りなので、ここで遡行を終了。

〈下山〉

植林小屋の対岸付近から左岸上部山腹の仕事道に入る。この道で黒倉又谷の出合いと駐車場との中間辺りの筏場登山道へと下る。

ポイント

最初のゴルジュの通過は何箇所でも詰まるので自信がなければゴルジュの入口から左岸側の踏跡を高巻いて八メートル滝辺りから谷に戻ってもよい。要は自分の力量に合った遡行をする事だ。

注意点

遡行終了後、流れから仕事道の取りつきがわからない時は山腹を上部に攀じれば必ず立派な山道に出る。

見所

最初のゴルジュと中流の連続するナメ滝やナメ床群。ゴルジュは泳ぎが必要な釜や直登不能の滝が出てきて谷の面白みが味わえる。連続するナメは、流れの中を軽快に溯れて楽しい。

参考タイム

駐車地――黒倉又谷出合い（20分）流木が堰の三段一〇メートル滝上（1時間）幅広四メートル滝上（1時間）植林小屋（1時間30分）仕事道で登山道出合い（1時間30分）駐車地（10分）

くねるナメを溯る

9 釜《かま》之《の》公《こ》谷《だに》

吉野川本流本沢川支谷

＊ランク　中級者
＊行　程　（前夜発）一泊二日
＊地形図　大台ケ原山

〈概況〉

台高主稜と台高・大峰山脈を結ぶ吊り尾根との分岐ピークの如来月《にょらいづき》を頂点とする北側の山々の水を集める本沢川上流部の支谷。下流の黒石谷や白倉又谷と共に滝場の多い谷として人気を博している。特に上流部に架かる五〇メートル《メートル》滝は圧巻で、谷行く者を驚嘆させるだろう。足の早いメンバーなら前夜発日帰りも可能。

〈アプローチ〉

白倉又谷に同じ。大阪から三時間弱。

〈入谷〉

黒倉又谷の出合いを過ぎて、さらに登山道を進むと、次に吊り橋の架かる大きな谷が釜之公谷。黒倉又谷出合いが駐車場からの中間にあたる。

〈遡行状況〉

［一日目］橋の下には堆積した巨岩を割って八メートル《メートル》滝が水煙を上げて落下し、直接入谷出来ないので左岸の仕事道を辿り、古い吊り橋の基礎土台のある辺りから谷床に降りる。

降り立った流れはゴーロで、その中の連段の岩間滝を越えて行く。ほどなく、くの字滝六《メートル》を右から抜け、二段三《メートル》滝は左岸の斜傾した岩壁を際どくへつると最初のゴルジュ。入口の大きな釜に六《メートル》滝が落ち込み、奥が狭まって険悪な雰囲気。ここはあとを考えて折角越えた三《メートル》滝を下り、右岸から高巻く。

谷床へは岩溝を下ったが、そこは入口滝の上に続く二段一〇《メートル》滝の落口。両段とも釜を持つトユ状滝で、なかなかの迫力だ。上には細長い淵の奥に二《メートル》滝が架かり、泳げば突破は可能。しかし、われわれはハーケン三枚とシュリンゲアブミで右岸から乗り越えた。

続いても同じような淵に滝。ここには左岸に残置ハーケンがあったが、シュリンゲで降りた股下ほどの深さの淵を進んで滝の右手を攀じ越えた。これでゴルジュは終わり、ナメ床の点在する明るい場所へ解放される。

たいした滝もないままに遡行を続けて行くと、二《メートル》滝をやり過ごした先で両壁が立って廊下状を呈する。ところが中にはナメが三つ出てくるだけ。やがて真正面に高い岩壁が威圧的に迫ってくると、右岸から枝谷が入り、本谷には二段一五《メートル》滝が架かる。フリーでは難しい右岸のチムニーに誰かが切って立て掛けた生木があるので、これを伝い登る。上段も同じ状態でなんだか得をした感じ。上には斜瀑L二《メートル》、三条六《メートル》、三《メートル》と続くが問題なし。この先の河原で幕営。

［一二日目］しばらくの小滝群も簡単にこなして行くと、トユ状で逆くの字の二段八《メートル》滝を迎える。これは左岸の岩盤上を簡単に辿って行く。すると上には下からでは見えなかった五《メートル》がもう一段続き、全部で三段一二《メートル》の滝だった。この先ほどなくで二俣。

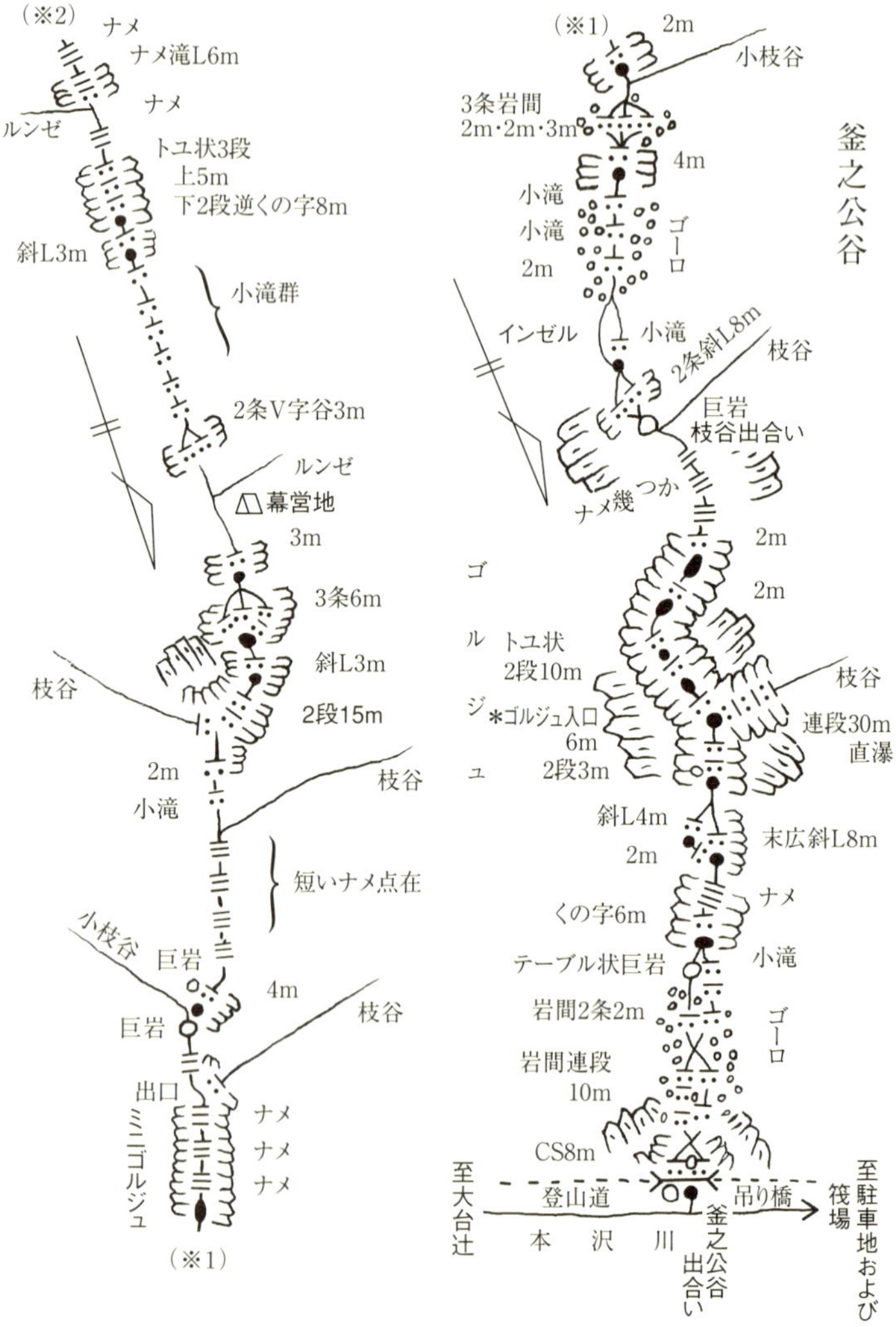
(※2)
ナメ
ナメ滝L6m
ナメ
ルンゼ
トユ状3段
上5m
下2段逆くの字8m
斜L3m
小滝群
2条V字谷3m
ルンゼ
幕営地
3m
3条6m
斜L3m
枝谷
2段15m
2m
小滝
枝谷
短いナメ点在
小枝谷
巨岩
4m
巨岩
枝谷
出口
ミニゴルジュ
ナメ
ナメ
ナメ
(※1)
(※1)
2m
小枝谷
3条岩間
2m・2m・3m
釜之公谷
4m
小滝
小滝
ゴーロ
2m
インゼル
小滝
2条斜L8m
枝谷
巨岩
枝谷出合い
ナメ幾つか
2m
2m
ゴルジュ
トユ状
2段10m
＊ゴルジュ入口
6m
2段3m
枝谷
連段30m
直瀑
斜L4m
末広斜L8m
2m
ナメ
くの字6m
小滝
テーブル状巨岩
岩間2条2m
ゴーロ
岩間連段
10m
CS8m
至大台辻
登山道
吊り橋
至駐車地および筏場
本沢川
釜之公谷出合い

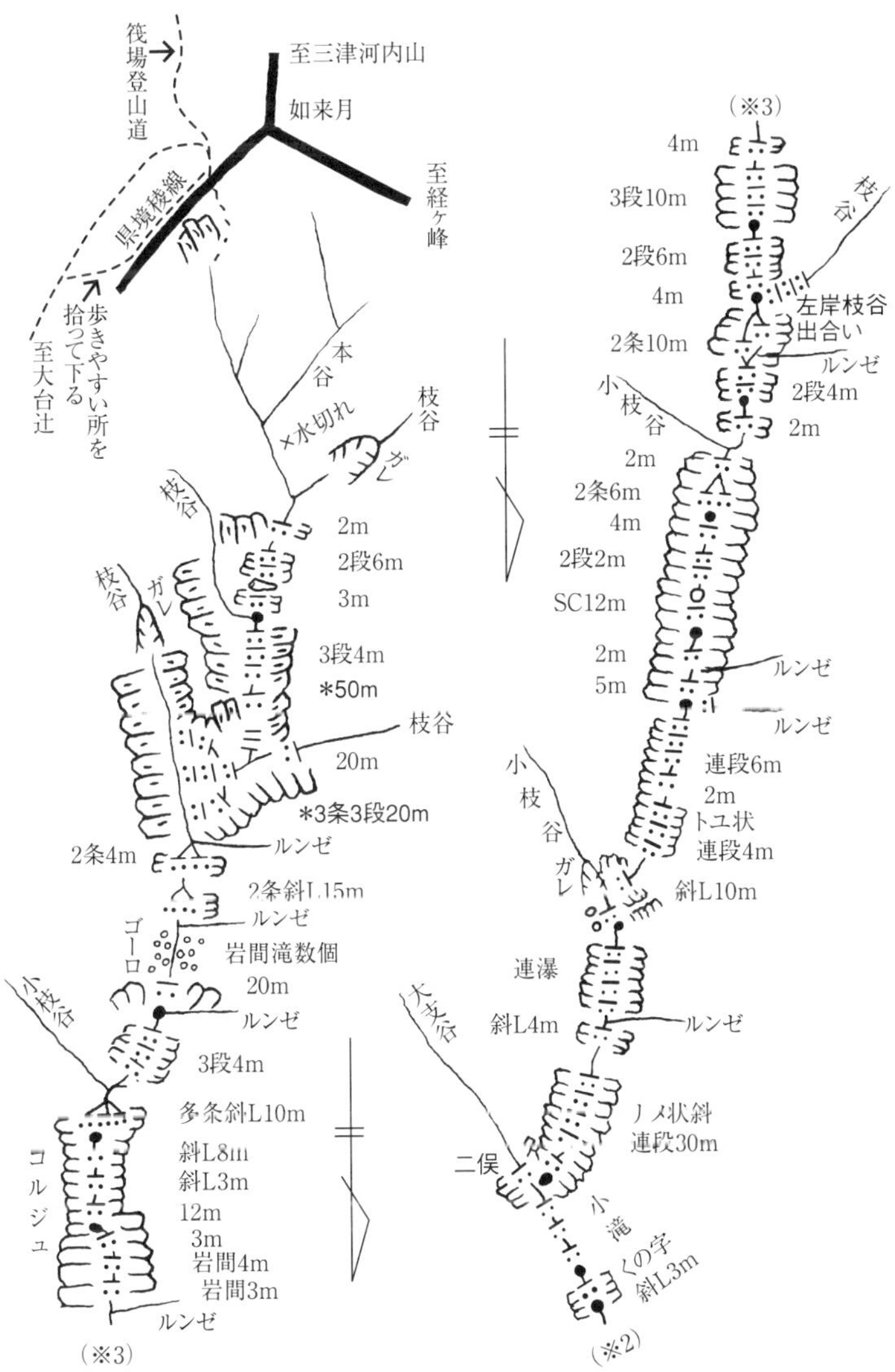
筏場登山道
至三津河内山
如来月
至経ヶ峰
県境稜線
歩きやすい所を拾って下る
至大台辻
本谷
×水切れ
枝谷
ガレ
枝谷
2m
2段6m
3m
枝谷
ガレ
3段4m
*50m
枝谷
20m
*3条3段20m
2条4m
ルンゼ
2条斜L15m
ルンゼ
ゴーロ
岩間滝数個
20m
ルンゼ
小枝谷
3段4m
多条斜L10m
斜L8m
斜L3m
12m
3m
岩間4m
岩間3m
コルジュ
ルンゼ
(※3)
(※3)
4m
3段10m
枝谷
2段6m
4m
左岸枝谷出合い
2条10m
ルンゼ
小枝谷
2段4m
2m
2m
2条6m
4m
2段2m
SC12m
2m
5m
ルンゼ
ルンゼ
連段6m
2m
小枝谷
トユ状連段4m
ガレ
斜L10m
連瀑
斜L4m
ルンゼ
大支谷
ノメ状斜連段30m
二俣
小滝
くの字斜L3m
(※2)

3条3段20mの中央滝

右の本谷には小さな斜瀑が連続し、しめて三〇《メートル》といったところか。右岸にガレを見ると右岸壁と岩盤との間の溝を流れる細い斜瀑L一〇《メートル》が出てくるが、右手の岩盤上を難なく進む。上に続く連瀑をこなして久し振りの滝場を迎える。五《メートル》滝を右から越えると二《メートル》滝を前衛にする一二《メートル》滝が行く手を阻む。これは手が出ず、左岸ルンゼに取りつき、モンキークライムを交えて高巻き、落口の真上から懸垂下降で流れに戻る。上には四つの滝が続くが、全てがたいした事なく登れ、ガイドでは全部巻いていたので少し溜飲を下げる。

次は二条一〇《メートル》滝だが、これは少しシャワーを浴びただけで右手から抜け上がれた。続く四《メートル》滝は左岸枝谷の連瀑から巻き越え、二段六《メートル》、三段一〇《メートル》、四《メートル》の三つの滝は難なく越える。すると両壁が高く立ち出してゴルジュ状を呈する。三《メートル》と四《メートル》の岩間滝と三《メートル》滝を右から通過すると、谷は左に折れて一二《メートル》滝を架ける。しかし、滝の右側から取りついて割合簡単に落口へ抜け上がる。続く三つの斜瀑も左岸の岩盤を攀じて上段の滝頭に立つ。これでゴルジュが終わり、谷が幾分広がる。

右岸小枝谷を見送って三段四《メートル》滝を越えた所に幾分斜傾した岩盤上を滑るように落ちる二〇

50 m滝

《メートル》滝が現れる。ここは滝の右手の岩溝を快適に辿って抜け上がる。しばらくのゴーロのあと、二条の斜瀑Ｌ一五《メートル》、二条四《メートル》も難なくクリアー。すると直進する谷は水のほとんど流れていないガレ谷で、本谷は直角に右に折れて分散した三条の滝を架ける。下二段が三条で最上段が一つになった三段二〇《メートル》滝で、左端の滝を直登し、最上段の右手を攀じ抜ける。すると下部はナメ状の斜瀑で、それを入れると全部で五〇《メートル》もある大滝が落下していた。

ここはまず下部の斜瀑の右岸を登り、傾斜の強まった所で流れを左岸に渡る。ここから流れを離れて右上する岩溝を攀じ、次に斜傾した岩壁のブッシュの生えた右端を左上して岩壁上のテラスに出る。最後にもう一段ある岩壁を攀じて大滝の上に飛び出る。

ここから二俣までは三《メートル》ほどの滝が四つだけで、あとはひたすら稜線を目指す。傾斜が強まり、ガレがあったり岩場になったりで苦しい登りが続く。途中で本谷を取り違えて予定より少し下方だったが、やがて如来月から北東に延びる県境稜線に登り着いた。辺り一面が小笹の海で、展望も西から北へかけてが開け、溯行して来た釜之公谷が一望出来る素晴らしい場所だった。

〈下山〉

登り出た稜線から歩きやすい所を拾って東側の筏場登山道に下り出て、あとはこの登山道を辿って駐車地へ帰るだけ。

ポイント

最初のゴルジュの通過。巻いてしまえば簡単だが、核心部に触れるために三ツ道具を使って直進してほしい。ただし、無理は禁物。

注意点

五〇《メートル》滝を高巻く斜傾した岩壁は比較的フリクションが利くが、上まで高さがあるので慎重に登り、出来ればザイルを出してもらいたい。

見所

擂り鉢状の岩盤に囲まれて空が大きく広がる谷中に五〇《メートル》大滝が落ちる圧倒的な地形の凄さと、それとは対照的な滝上の、まるで日本庭園のように緑の木々を配置して穏やかに流れる風景には感嘆の声が漏れるだろう。

参考タイム

［一日目］駐車地——釜之公谷出合い（40分）最初のゴルジュ入口（1時間）左岸枝谷出合い後のインゼル（2時間30分）ミニゴルジュ出口（50分）二段一五《メートル》滝（40分）幕営地（1時間）

［二日目］幕営地——二俣（20分）左岸枝谷出合い（2時間）三条三段二〇《メートル》滝（50分）五〇《メートル》滝落口（50分）稜線（1時間30分）筏場登山道（40分）大台辻（30分）釜之公谷出合い（1時間）駐車地（30分）

北山川水系

北山川支流小橡川支谷風折谷支谷

10 小橡川《ことちがわ》の又剣谷《またつるぎだに》

＊ランク　中級者
＊行　程　一泊二日
＊地形図　河合

〈概況〉

上北山村の河合で北山川に流れ込む小橡川支谷の風折谷の左俣といえる谷で、東ノ川右岸の竜口《りゅうご》尾根の又剣山が源頭。三〇メートル滝が二本とゴルジュも幾つか配置され、ほどほどに直登も楽しめるので、中級者には面白い谷と思う。

〈アプローチ〉

国道一六九号線を河合まで走り、そこで北山川を渡って小橡川左岸の車道を進む。ほどなく右手に北山宮の社を見る所で風折谷が右から流れ込む。谷に架かる橋の手前を右に折れて林道に入り、一キロほど走ると対岸に又剣谷が出合う。大阪から三時間弱。

〈入谷〉

風折谷を丸太橋で渡って出合いへ。しばらく凡流なので堰堤のある所まで右岸の道を辿る。

〈遡行状況〉

［一日目］堰堤の先で流れに降り、伏流になった広い河原を進む。水が流れ出すと共に滝がポツポツ出てくる。幾つかの斜瀑やCS滝をこなして二段五メートルのCS滝を迎える。これはシャ

ワー覚悟なら直登が可能だ。ナメ床を過ぎて右岸に小枝谷を見送ると、細いトユ状の廊下に入る。くの字に曲がる五《メートル》滝は胸まで釜に浸かって滝の右手を登るか、滝身を頭からシャワーを浴びて直登。続く二つの斜瀑はチムニー登りを交えて直登を楽しむ。

その先で流れは、ほぼ直角に左に折れて大滝を架ける。下からでは滝頭は見えないが、全部で三〇《メートル》の大滝で、一旦、細長い釜に落ちたあと、その跳ね返りの水しぶきを左岸の岩壁にまき散らす。ここは岩壁をつっ張りに釜を一跨ぎし、直進するルンゼのテラスから左岸側をザイルとハーケンの人工登攀で登るが、中間部では滝の洗礼を受ける。これで廊下は終わり、小インゼルと滝を三つほどやり過ごす。

次に細長い淵の左岸をへつって細い廊下へ入るが、滝一つなくて拍子抜け。

このあとは両岸に植林帯が広がるゴーロ帯を抜けてからも凡流がしばらく続き、幾分退屈。やがて斜瀑を二つ越えて流れが左にカーブした先から滝が再び連続する。ただ大きなものでも四《メートル》程度なので、右に左に何度もくねる流れを楽しく進む。滑り台のような斜瀑L一二《メートル》は気持ちよい直登が出来るし、明るい日差しの中にナメ床が美

最初の30ｍ滝

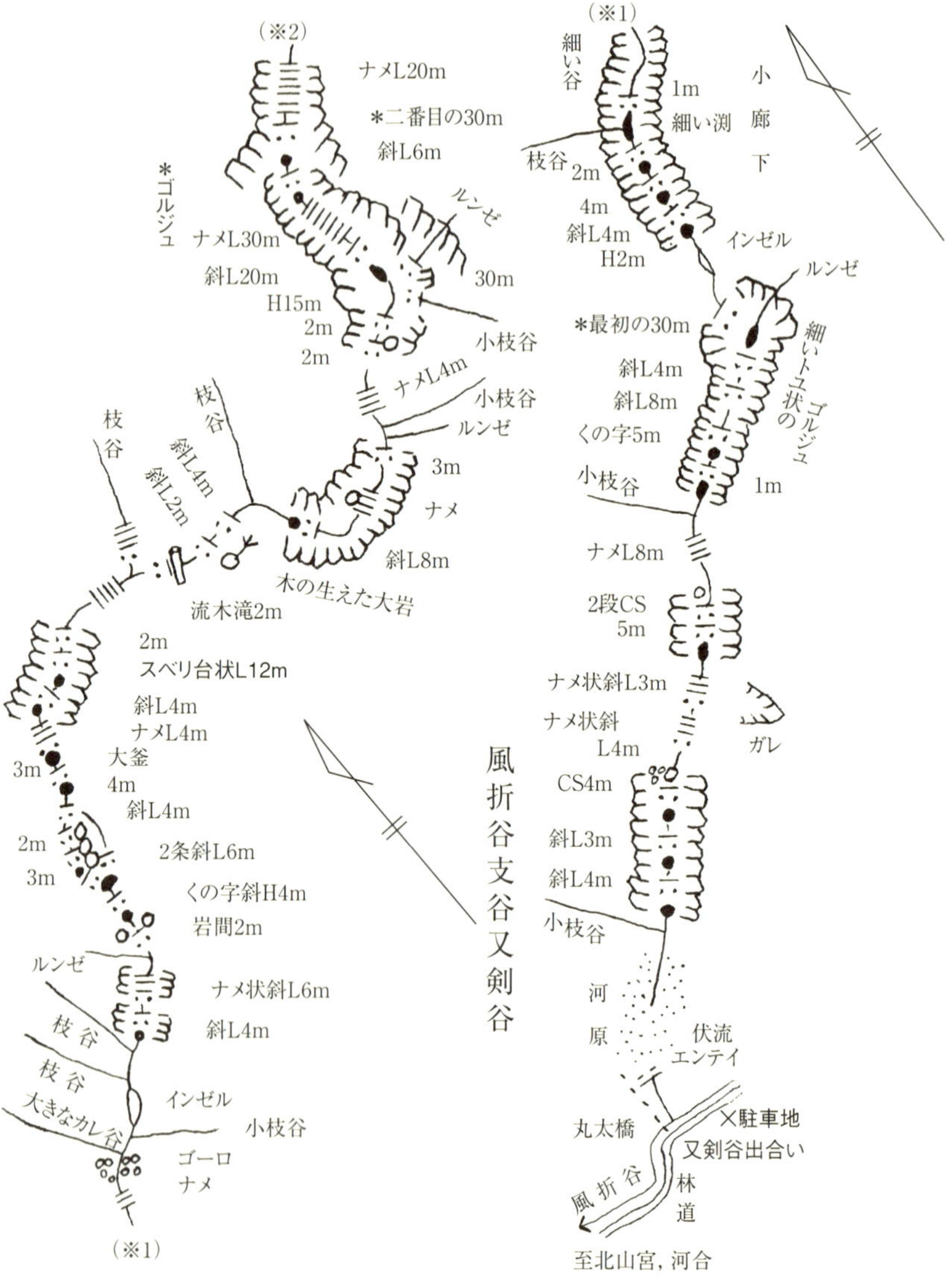
風折谷支谷又剣谷
(※2)
ナメL20m
*二番目の30m
斜L6m
*ゴルジュ
ルンゼ
ナメL30m
斜L20m
H15m
30m
2m
2m
小枝谷
ナメL4m
小枝谷
ルンゼ
枝谷
枝谷
斜L4m
斜L2m
3m
ナメ
斜L8m
木の生えた大岩
流木滝2m
2m
スベリ台状L12m
斜L4m
ナメL4m
大釜
3m
4m
斜L4m
2m
2条斜L6m
3m
くの字斜H4m
岩間2m
ルンゼ
ナメ状斜L6m
枝谷
斜L4m
枝谷
インゼル
大きなカレ谷
小枝谷
ゴーロ
ナメ
(※1)
(※1)
細い谷
1m
細い渕
小廊下
枝谷
2m
4m
斜L4m
H2m
インゼル
ルンゼ
*最初の30m
細いトユ状のゴルジュ
斜L4m
斜L8m
くの字5m
小枝谷
1m
ナメL8m
2段CS
5m
ナメ状斜L3m
ナメ状斜
L4m
ガレ
CS4m
斜L3m
斜L4m
小枝谷
河原
伏流
エンテイ
丸太橋
×駐車地
又剣谷出合い
風折谷
林道
至北山宮，河合

10　小橡川の又剣谷

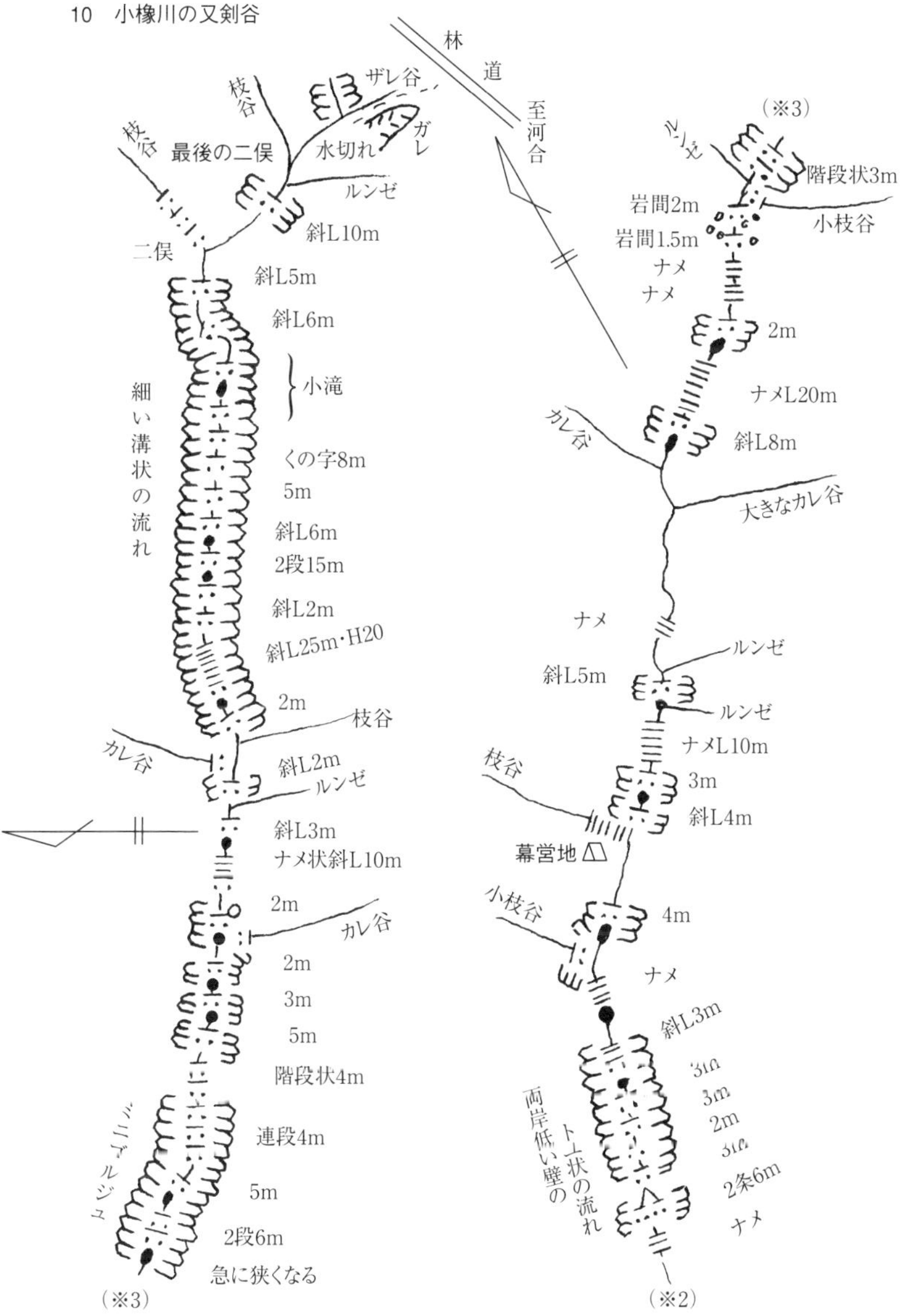
林道
至河合
枝谷
ザレ谷
枝谷
最後の二俣
水切れ
ガレ
ルンゼ
斜L10m
二俣
斜L5m
斜L6m
小滝
細い溝状の流れ
くの字8m
5m
斜L6m
2段15m
斜L2m
斜L25m・H20
2m
枝谷
カレ谷
斜L2m
ルンゼ
斜L3m
ナメ状斜L10m
2m
カレ谷
2m
3m
5m
階段状4m
ミニゴルジュ
連段4m
5m
2段6m
急に狭くなる
(※3)
(※3)
ルンゼ
階段状3m
岩間2m
小枝谷
岩間1.5m
ナメ
ナメ
2m
ナメL20m
カレ谷
斜L8m
大きなカレ谷
ナメ
ルンゼ
斜L5m
ルンゼ
ナメL10m
枝谷
3m
斜L4m
幕営地
小枝谷
4m
ナメ
斜L3m
3m
3m
2m
3m
両岸低い壁の
トユ状の流れ
2条6m
ナメ
(※2)

ゴルジュを進む

しく映える。

　上に木が生えた巨岩横を通過して流れが大きく左に回り込むと、ほどなく周囲を岩壁が囲む大きな円形ホールを迎える。正面に高い壁が立ち続き、一瞬、谷が消え失せたような錯覚に捉われる。しかし谷は直角に左に折れて一メートルにも満たない狭さのゴルジュが奥へ続いている。手前の淵を越えて奥の斜瀑H一五メートル・L二〇メートルに取り付く。ここでもザイルとハーケンを使う。取り付き部分が嫌らしいが、最初の三〇メートル滝よりは楽だった。

　上流にはナメ床が細いままの谷中に三〇メートル続き、そのあとの斜瀑L六メートルで、一旦は明るさをとり戻す。しかし、それは大滝を架けているからで、目の前に二番目の三〇メートル滝が前進を阻む。左岸から高巻き、途中から滝身へ出られるかと出来るだけ滝そばにルートをとったが、壁に突き当たって逆に滝から遠ざけられる。ほどなく出てきた右下からの踏跡を辿って登り、途中から滝上のナメ床に降りて見たが、苔で滑って危険極まりなく、再び踏跡に戻って二条六メートル滝の下まで高巻いた。

　これでゴルジュは終わり、あとは出てくる滝を直登でこなす。やがて四メートル滝を通過した先に平坦地が現れ、ここで一夜を過ごした。

〔二日目〕　幕営地から上流は平凡な谷が結構長く続く。時々出てくる長めのナメ床がわずかな慰め。やがて階段状の三メートル滝を越えると、両岸に岩壁が立つ極端に狭まい廊下の中に二段六メートル滝が架かる。シャワークライムを試みたが、ホールド少なく、シャワーを浴びただけで退散。ここは右手のクラックと滝身とクラックの間の凸角に分かれて登る。どちらも結構悪く、クラックを登った私は上の五メートル滝も一緒に巻かされてしまったし、凸角を攀じた連れもイバラにやられて腕中血だらけだった。

　このゴルジュは次の連段四メートル滝で終わり、広がりを取り戻した谷に架かる滝を次々と直登する。ほどなく右岸から涸れ谷、次に左岸から大枝谷が入ると地形が一転、低い岩壁の中に流れが細い溝状になり、滝が連続して滑り落ちる。

　この滝場も全て直登。高度が一気に上がり、なかでも斜瀑L二五メートル、H二〇メートルや二段一五メートル滝は、ちょっとしたスリルが味わえ

二番目の30ｍ滝

る。すぐの二俣を右にとり、斜瀑L一〇㍍を簡単に直登。次の二俣も右にとると、わずかで水が切れ、最後に背丈ほどのブッシュ帯を避けてザレ谷に進路をとり、出てきた踏跡で尾根へ登り出た。

〈下山〉

最後は尾根のすぐ西下を通っている林道に出るので、この林道を南へ辿り、途中から風折谷左岸尾根の山道で北山宮へと下れば早い。

林道通しで下山するとなれば四時間はかかるだろうから、二台の車で一台を溯行終了地点近くの林道へ上げて置くのも一策。これなら日帰りも可能。

ポイント

最初の三〇㍍滝の通過。ある記録では右岸を直登とあるが、とても登れそうには見えない。左岸側を登る事になるが、ここだけがなぜか岩が脆く、打ち込んだハーケンがあっけなく回収出来るほどなので、十分気を付けよう。

見所

最初の三〇㍍滝も豪快で面白いが、入口から周囲を高い垂壁にガードされた中流域のゴルジュはなかなかの迫力だ。自然の作り出す造形の凄さを感じてもらいたい。

参考タイム

［一日目］又剣谷出合い駐車地——スベリ台状一二㍍滝（2時間）中流ゴルジュ後の幕営地（1時間30分）

［二日目］幕営地——最後の二俣（1時間30分）林道（20分）河合（4時間）駐車地（30分）

北山川支谷

11 黒瀬谷《くろせだに》下部ゴルジュ

＊ランク　上級者
＊行　程　（前夜発）日帰り
＊地形図　釈迦ケ岳・河合

〈概況〉

この谷は上北山村の河合の少し下流の白川で池原貯水池に流入するもので、短い谷ながら、下流域に凄いゴルジュを有する事でしられる。ゴルジュの通過には人工登攀技術がいるので上級者向きとしたが、ゴルジュの悪場を高巻き避けるのなら中級者でも溯行が可能である。

〈アプローチ〉

国道一六九号線の白川バス停の先で左折し、白川大橋を渡って白川集落に入る。橋を渡ってすぐ左に折れた広場に駐車する。大阪から三時間半。

〈入谷〉

白川大橋の袂から上流へと続く仕事道で吊り橋の架かる黒瀬谷出合いへ。橋を渡ったところから右岸踏跡を拾い、池原貯水池浸食部の水面の切れるガレ場辺りから谷に降りる

〈溯行状況〉

流木と土の堆積する中を少し進むと谷床が岩盤状のミニゴルジュへ入る。しかし、たいしたものなく抜け出る。すると前方が大きなホール

状に開け、右手の壁を二段一五メートル滝が落ちる。これが目的のゴルジュ入口に架かる滝。

ゴルジュの突破が目的なので、左岸にボルトを打って取り付き、上部の残置ボルト二本を利用してアブミの掛け替えで下段滝落口に登り出る。上段の斜瀑は楽に直登出来る。両岸が立つ狭くて薄暗いゴルジュの中の小滝を二つ越え、連瀑を架ける左岸枝谷出合いで左から右へと回り込むと、釜に流木の刺さる六メートルの斜瀑が出てくる。水不足のためか、深いはずの釜は浅く、簡単に越えられ、いささか拍子抜け。

ゴルジュ前門の２ｍ滝

ゴルジュ入口２段15ｍ滝

少し間を置いての二段六《メートル》滝を右岸からへつると、次は細長い釜を持つトユ状斜瀑一〇《メートル》。上部に行くほど傾斜が強く、水量が多ければ迫力があって直登は勇気がいるが、この時は水量少なく、一人が途中の残置ボルトにアブミを掛けたりで釜を越え、滝身を直登した落口から後続を確保する一方、私は釜を泳いで滝身に這い上がり、何名かを確保する。滝身の直登で全員がずぶ濡れの中央突破だ。

次の五《メートル》滝もボルトとハーケンを打ち、アブ

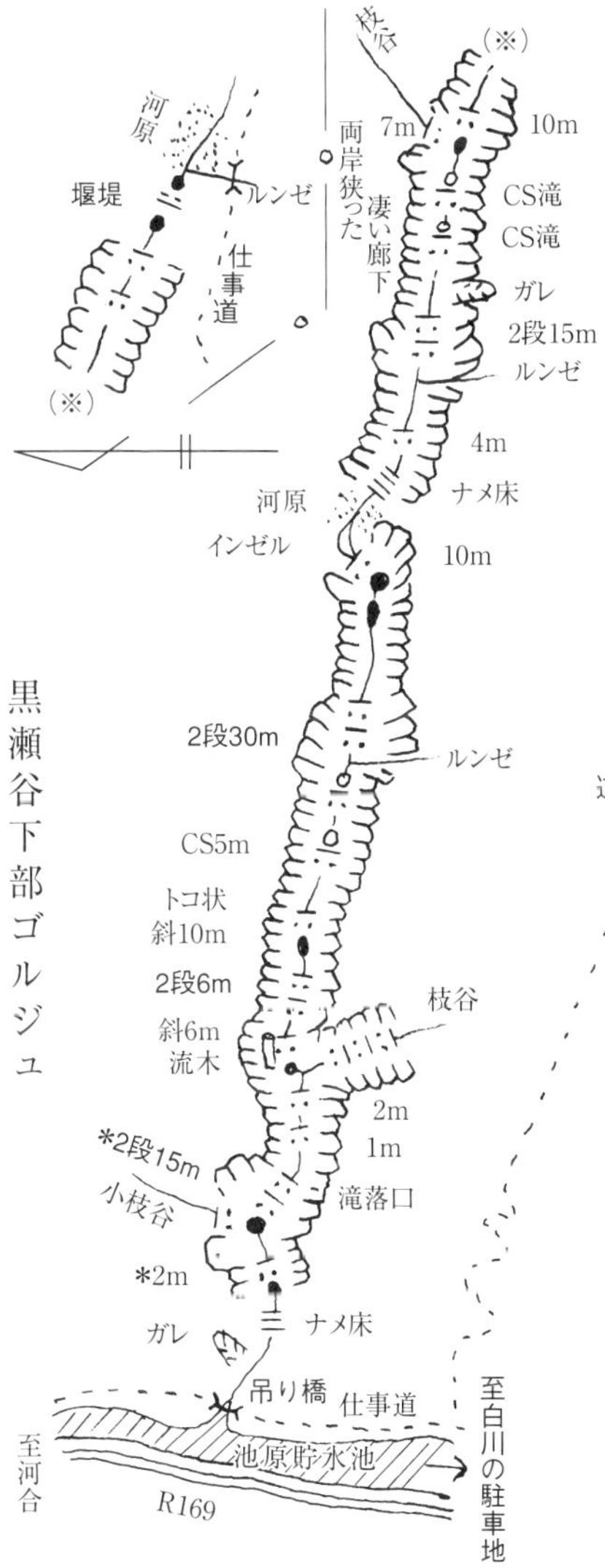

ミでの乗り越しに苦労する。その上で谷は大きく広がり、すぐ二段三〇《メートル》滝に突き当たる。ここは人工登攀だと時間が掛かり過ぎるので左岸からの高巻きを選ぶ。それでもザイルを出さねばならぬ厳しい高巻きをしいられ、しかも下降に入ってからも壁が続いて上流へと追いやられ、最後は立ち木をピンに一五《メートル》の懸垂下降をしたので、その間の谷の様子が見れずじまい。

この先わずかで流れは左に折れて一〇《メートル》滝を架ける。滝前は広い河原状だが、正面から右にかけて五〇《メートル》の岩壁が続く。ここはトップがザイルを付けて右岸壁際をフリーで攀じ上がり、滝上から後続を確保した。

上流は河原状となり、一旦ゴルジュが途切れた感じとなるが、左岸をへつり越えた四《メートル》滝から先は再びゴルジュ状を呈し、二段一五《メートル》滝を迎える。ここは左岸からの高巻きとするが、ほとんどのメンバーがずいぶん上流まで山腹をトラバースして行ったのに対し、私ともう一人は強引に滝の落口へと下降。ところが谷中は両岸狭る中に大岩の詰まる物凄いゴルジュ。戻るに戻れず、二つのＣＳ滝を越えて一〇《メートル》滝の前に出る。右岸からは支谷が七《メートル》滝を落とし、周りは高い壁に丸く囲まれて井戸の底に落ち込んだような感じで、絶体絶命のピンチ。しかし水量の少ないお陰で支谷の滝が簡単に登れ、その滝の落口から右にトラバースして意外と楽に本谷一〇《メートル》滝の落口に立てた。

その先わずかでオーバーハング壁を二〇《メートル》の空中懸垂で谷床へ戻った他のメンバーと合流。これでゴルジュは終了。

ホッとした気持ちでしばらくのゴルジュの名残を留める谷を進むと、ほどなく堰堤に突き当たり、遡行は幕を閉じた。

〈下山〉

堰堤すぐ上流左岸のルンゼを攀じると、ほんわずかで丸太橋の架かる仕事道に登り着く。これを右に辿ると入谷時に通った道に下り出る。

ポイント

われわれは人数の多かった事などで、二段三〇メートル滝の上で、すぐ谷に戻れなかったが、懸垂下降でなら降りられるので、折角だから谷へ戻って見てはいかがかな。

注意点

二段三〇メートル滝の通過。腕のあるメンバーならボルトやハーケンでの人工登攀で直登も可能だが、腕を過信しないで慎重に。

見所

ゴルジュが終わる前の二段一五メートル滝上流の谷中の凄さ。水量が多いと谷中を進むのが恐ろしくさえ感じられるかもしれない。出来ればザイルをセットしておいて脱出ルートを確保してから入って欲しい。

参考タイム

駐車地――出合い吊り橋（20分）二段一五メートル滝（20分）滝落口（50分）二段六メートル滝上（50分）二段三〇メートル滝下（1時間15分）滝落口（1時間30分）堰堤から仕事道（1時間15分）駐車地（1時間）

北山川支流

12 東ノ川からシオカラ谷へ

＊ランク　中級者
＊行　程　（前夜発）一泊二日
＊地形図　河合・大台ケ原山

〈概況〉

東ノ川は「日本百名谷」にも取り上げられた台高を代表する流れで、台高の盟主・日出ケ岳から流れ出て、本谷のヒバリ谷、シオカラ谷を経て支流の逆川に架かる関西随一の西ノ滝の下流で東ノ川となる。この流れの上部には大蛇嵓《だいじゃぐら》や千石嵓などの幾つもの大岩壁が屹立するのが望めるし、流れ自体にも西ノ滝の他に、地獄釜滝、高倉滝、東ノ滝や支流の中ノ滝など、見応えのある滝を数多く有し、スケールが大きくて豪快なので、本流溯行の醍醐味が味わえる。

〈アプローチ〉

国道一六九号線を新伯母峰トンネル口まで南下し、ここで右に分岐する大台ドライブウェーを駐車場まで走る。大阪からは三時間少々で、駐車場は無料。

〈入谷〉

駐車場奥の展示館の横から遊歩道に入って尾《お》鷲《わせ》辻へ出る。ここで東屋脇の三叉路を左にとって幾分荒れてはいるが明瞭に続く尾鷲道を忠実に南に辿る。すでに右下の谷は白崩谷《しらくえだに》の本谷筋で、どこを降りても構わないのだが、平行して

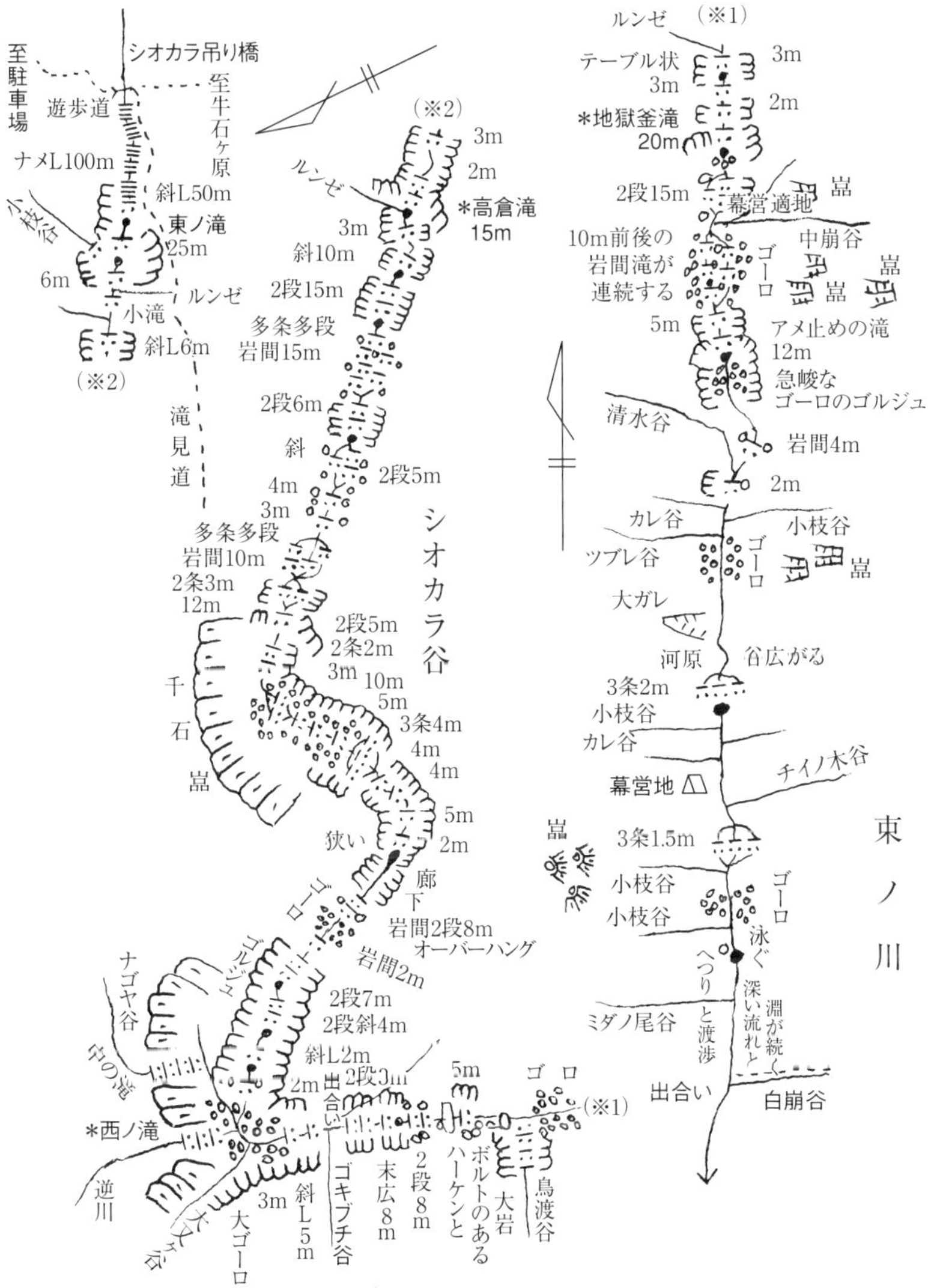
シオカラ吊り橋
至駐車場
遊歩道
至牛石ヶ原
ナメL100m
斜L50m
小枝谷
東ノ滝
25m
6m
ルンゼ
小滝
斜L6m
(※2)
滝見道
(※2)
3m
2m
ルンゼ
＊高倉滝
15m
3m
斜10m
2段15m
多条多段
岩間15m
2段6m
斜
2段5m
4m
3m
多条多段
岩間10m
2条3m
12m
シオカラ谷
2段5m
2条2m
3m
10m
5m
3条4m
4m
4m
千石嵓
5m
2m
狭い
廊下
岩間2段8m
オーバーハング
ゴーロ
岩間2m
ゴルジュ
2段7m
2段斜4m
斜L2m
2段3m
2m
出合い
ナゴヤ谷
中の滝
＊西ノ滝
逆川
大台ヶ谷
大ゴーロ
3m
斜L5m
ゴキブチ谷
末広8m
2段8m
ボルトのあるハーケンと
大岩
5m
ゴロ
(※1)
鳥渡谷
ルンゼ
(※1)
テーブル状
3m
3m
2m
＊地獄釜滝
20m
2段15m
幕営適地
嵓
中崩谷
10m前後の
岩間滝が
連続する
ゴーロ
嵓
嵓
5m
アメ止めの滝
12m
急峻な
ゴーロのゴルジュ
清水谷
岩間4m
2m
カレ谷
小枝谷
ツブレ谷
ゴーロ
嵓
大ガレ
河原
谷広がる
3条2m
小枝谷
カレ谷
チイノ木谷
幕営地
嵓
3条1.5m
東ノ川
小枝谷
小枝谷
ゴーロ
泳ぐ
へつりと渡渉
深い流れと
淵が続く
ミダノ尾谷
出合い
白崩谷

いる尾鷲道を進む方が早いし、本谷には下降の厳しいゴルジュがあるので、それが終わったあとで本谷に出合う左岸支谷を下る方が安全。
その支谷へは尾鷲道が南西から南に向きを変える辺りから下降する。しかし、本谷の悪場を避けたといっても下る支谷にも厳しい滝が次々に出てくるし、本谷が合流してからも累々と巨岩の積み重なるのを高巻き下ったり、流れを渡渉したりせねばならず、悪戦苦闘の末に東ノ川本流に下り着く。

〈溯行状況〉

〔一日目〕しばらくは速い流れを右に左にと渡渉を繰り返しながら岸辺の岩場伝いに上流へと溯る。やがて巨岩に埋まる本格的なゴーロが始まると、この谷の見所の一つの大蛇嵓や茶壺嵓の先陣を切り、右岸高みに屹立する幾つかの岩嵓が仰ぎ見られ出す。四〇分ほどで左岸からのチイノ木谷を見送るが、疲れていたわれわれは、その先に見つけた右岸高台の窪地を幕営地とした。

〔二日目〕幕営地のわずか上流に三条二メートル滝が架かるので、右岸から巻き抜ける。この上流は広い河原状となり、ここはよい幕営地になる。
このあと、右岸の大きなガレ場をやり過ごしてゴーロ帯へと入り、またも右に左にの谷渡りが始まる。この辺りから今度は左岸側の高みに幾つかの嵓の立つのが目立ち出す。ゴーロが終わって右岸からツブレ谷を迎えると二メートル滝の架かる上で流れが二分する。両の流れはしばらく平行しているので、インゼルかと思えるが、右岸側の流れは支谷の清水谷《ちょうずだに》で、本流の岩間滝四メートルを見送ると左に急激に折れて離れて行く。

この先で本流は左から右へと折れ返すと、両側を岩壁に狭められた通路が巨岩に埋まり急激に延び上がって行くゴーロのゴルジュとなる。しかし中にはたいしたものなく楽に通過し、そのあとに一二《メートル》のアメ止めの滝を迎える。ここは右岸の踏跡を拾って高巻き、その上の五《メートル》滝の上で流れに近づくが、その上流は広い急傾斜のゴーロ帯で、その中に一〇《メートル》前後の岩間滝が幾つも架かり、水量が多くて通過は困難だろうと、そのまま右岸をゴーロ帯の終わる所まで高巻いた。このゴーロの対岸上部には凄い形相で大蛇嵓を含む岩嵓が立ち並ぶ。

　戻った流れにすぐ左岸から中崩谷が入る。この辺りが本来なら幕営するのに最適。すぐ上流には岩間滝二段一五《メートル》が落ちるので左に重なる巨岩の間を縫って巻き上がる。再び戻った谷中には三つの巨岩が流れを塞ぎ、その先に見栄えのする地獄釜滝二〇《メートル》が滝壺目掛けて豪快に水流を叩き込む。ここは流れを左岸に渡り、滝身の左側の踏跡を辿れば簡単に落口上流に登り出る。ここから鳥渡谷の出合いまでは五つほどの滝を苦労する事もなく通過。右岸から連段の滝を架けて鳥渡谷が入ると、眼前の大岩が行く手を阻む。ここは大岩の上に登り、反対側に打ち込まれ

地獄釜滝 20m

たハーケンとボルトにシュリンゲをかけて上流側に降りる。このあとは巨岩を縫って前進し、五メートル滝を越えて谷幅一杯に横たわる巨岩の前に出る。ここは右岸から左岸に石飛びし、踏跡を拾って行くとフィックスロープに導かれて流れへ戻れる。

　ここから再び流れを渡って右岸沿いを進む。前方に高い峭壁が望め出し、西ノ滝も近い事を感じる。流れに次々に出てくる滝を無難にこなしてゴーロ帯に突入。大又ヶ谷の出合いを過ぎて谷が大きく右に折れると、西ノ滝が全貌を現す。高さ一五〇メートル、数段に腰を打つが、その豪快な姿は何度見ても感銘を覚える。

　東ノ川本谷のシオカラ谷は右に九〇度以上折れ曲がった右端の谷で、その左岸側には斜瀑にフィックスされたロープが見えるが、滝下で大きく広がる谷中のさらに大きさを増して、まるでビルディングのような巨岩が累々と積み重なる間を攀じ抜けて左に大きく巻いて行き、西ノ滝の真下の流れを全身ずぶ濡れのシャワーで通過。そこから西ノ滝の右に続いて仰ぎ見られ、こちらは多段二五〇メートルといわれる中ノ滝が架かるナゴヤ谷へと入り、傾斜が平坦な場所から流

西ノ滝

れを右に横切ってシオカラ谷右岸に移動する。

　下のシオカラ谷の流れは中に数個の滝が続くゴルジュなので、そのまま流れ近くを進む。ここを過ぎるとゴーロとなり、中に架かる岩間滝二段八メートルを右から巻き上がる。流れは一気に狭まって廊下となり、しばらく置いて一層急激に狭まる所に細長くて深い淵と、その奥に二メートル滝が架かり、さらにその先にも滝が連続する。

　ここは淵を泳いでの突破も可能だが、上で詰まるので、少しバックした所から左岸のブッシュの中の踏跡で巻き上がる。踏跡は二メートル滝を越えた辺りで流れを下に覗ける場所に下り、そこから水平トラバースで、上に続く五メートル滝、四メートル滝、四メートル滝の連続滝を巻き越えていた。流れに戻ると前方正面に千石嵓の一角が仰ぎ見られ出し、その下を目指して進む。岩間に落ちる三条四メートルのオーバーハング滝を越え、五メートル滝は滝下をシャワーを浴びて左に移り、一〇メートル滝、三メートル滝、二条二メートル滝は岩を四つん這い状態で攀じる。そのあとの二段五メートル滝を右から巻き越え、続く一二メートル滝は滝前を右岸に渡って高巻く。この辺りで末々奥へ続く千石嵓が樹林に隠れ、谷幅が広がって次のゴーロ帯に入る。

　その岩間には多状多段一〇メートルと多状多段一五メートルの他にも数個の滝が次々と架かり、その応接に追われ続ける。このゴーロが終わって谷幅が

高倉滝 15 m

狭まり、ゴルジュ状の中に二段一五メートル滝が架かる。この滝を右岸から巻き越え、そのまま右岸沿いを進んで次の斜瀑一〇メートルを過ぎると、三メートル滝のあとに高倉滝が架かる。一五メートルの直瀑で、すぐ上には二メートル滝と三メートル滝が続く。

　ここは全く手も足も出ず、右岸の踏跡で高巻くが、どんどん上部へと押し上げられての大高巻き。ようやくルンゼを下って落口すぐ上の三メートル滝の下で谷に戻り、次の斜瀑L六メートルを越えると東ノ滝が登場する。手前の小滝をこなし、狭まった岩壁の間を抜けて滝前に出ると、前門に六メートル滝を従え、狭い落口から少し左に滝身を向けて太い流れを二五メートルの高さから落としていた。この滝の通過は滝の左岸側に広がる岩壁を攀じられるが、流れをバックして六メートル滝の下で左岸に入るルンゼから上部の滝見道へと踏跡を辿って高巻いた。この道を少し上流へ辿った東ノ滝の落口には転落防止用の鎖が張ってある。

　そのまま滝見道を辿り帰るつもりだったが、東ノ滝の上に架かる全部でL五〇メートルほどの綺麗な斜瀑二本を下の流れに見送ると、道が流れ際に近づくので、そこから再び流れに入る。

　流れは右に左にとうねりながら綺麗なナメ床を連続させ、これが一〇〇メートルも続いて有終の美を飾る。そして流れが右にカーブすると同時にブラインドになっていた前方にシオカラ吊り橋が見え、ようやく溯行が終わった事をしる。

〈下山〉

　シオカラ吊り橋の袂へ右岸側から登り出て、遊歩道を駐車地へ帰る。下山というのに、そこから駐車地までは幾らか水平道があるものの、概ねが登り坂なので疲れた身体にはこたえる。

注意点

白崩谷出合いからの角張った岩の点在する本流には時々深い淵があり、巻くと時間が掛かるので場合によっては泳がねばならぬ事もある。

見所

あまりにも多過ぎて上げようがない。とにかく、一度入谷して自分の目で確かめて欲しい。

エピソード

この時が三度目の入谷だったが、最初の時は溯行記録を途中で落としてしまったり、二度目には大谷からの下降で時間がなくなり、西ノ滝直下から日の暮れた滝見尾根を登り帰るなど、色々と苦しい思いをさせてくれた谷である。

参考タイム

［一日目］大台駐車場——尾鷲辻（30分）白崩谷支谷源頭下降地点（1時間30分）東ノ川本流出合い（3時間30分）中崩谷出合い幕営地（3時間）

［二日目］幕営地——地獄釜滝巻き終了（1時間）ゴキブチ谷出合い（1時間）西ノ滝下（1時間20分）高倉滝下（1時間30分）東ノ滝下（1時間）シオカラ吊り橋（30分）大台駐車場（30分）

北山川支流東ノ川支流

13 古川支谷の岩屋谷《いわやだに》

＊ランク　中級者
＊行　程　（前夜発）日帰り
＊地形図　河合・高代山

〈概況〉

坂本貯水池で東ノ川に流入する古川の最初の支谷。流域が小さく短いが、国道の不動橋からも仰ぎ見られる出合いの不動滝と、少し奥の銚子滝の二つの大滝を有する豪快な谷で、上流の凡流をカットすれば、左岸の仕事道を利用して日帰りで沢登りの醍醐味を堪能出来よう。

〈アプローチ〉

国道一六九号線から下北山村の池原で国道四二五号線に移って尾鷲方面へと向かう。やがて坂本ダムを過ぎると、ほどなく橋を渡って古川右岸沿いを走り出して出合いの不動橋に着く。付近に駐車スペースがある。大阪から四時間半～五時間。

〈入谷〉

不動橋の坂本ダム側袂の踏跡を辿る。わずかで小尾根を乗り越え、坂本貯水池が不動滝の下まで喰い込んだ水面に落ちる枝谷のナメ滝落口少し上流に出る。この谷で不動滝を巻く。

〈遡行状況〉

枝谷を上流に向かうと、すぐに直進する谷と

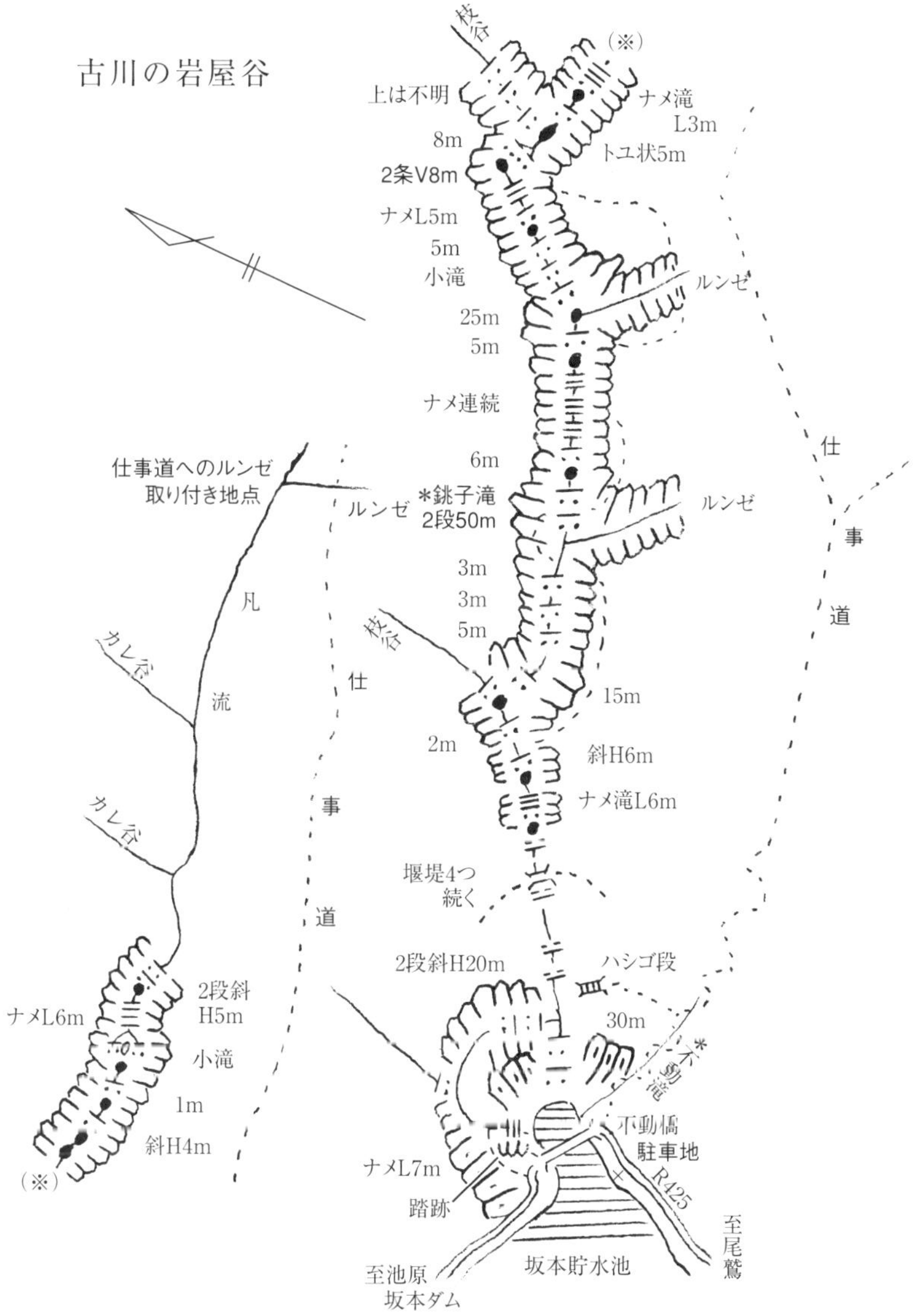
古川の岩屋谷
枝谷
(※)
上は不明
ナメ滝
L3m
8m
トユ状5m
2条V8m
ナメL5m
5m
小滝
ルンゼ
25m
5m
ナメ連続
6m
仕事道へのルンゼ
取り付き地点
＊銚子滝
2段50m
ルンゼ
ルンゼ
仕
事
道
凡
流
カレ谷
3m
3m
5m
枝谷
仕
15m
2m
斜H6m
ナメ滝L6m
カレ谷
事
堰堤4つ
続く
道
2段斜H20m
ハシゴ段
2段斜
H5m
ナメL6m
30m
小滝
＊不動滝
1m
斜H4m
(※)
不動橋
駐車地
ナメL7m
R425
踏跡
至尾鷲
至池原
坂本ダム
坂本貯水池

不動滝 30 m

銚子滝 2 段 50 m

右に大きく回り込む谷に分かれる。両谷とも水量はわずか。右の谷へルートをとると、回り込んだ所に二段の斜瀑二〇メートルが落ちる。ここには右岸沿いに巻きルートがあり、傾斜はきついが落口へストレートに登れる。滝の直登も可能である。登り着いた滝の落口の向こう側すぐ下が不動滝の落口。つまり岩屋谷は不動滝の落口すぐ上で二分し、左の谷が不動滝の右岸壁を抱き込むように弧を描いて流れ、不動滝の下で元の一つに戻っているのだ。

谷床に降りて本谷の遡行に入ったら堰堤が四つも続いて、ちょっと興醒め。三つ目の堰堤には鉄梯子が架かって仕事道が谷を横切る。しかし、その上からは滝が続いて俄然面白くなる。

ナメ滝L六メートル、斜瀑H六メートル、二メートル滝を簡単にこなして一五メートル滝を迎える。ここは全く手も足も出なくて左岸を高巻き、上に続く三つの滝も一緒に巻き進む。ところが銚子滝が見えて来たと思ったら、一緒に高巻いてしまう気配がし、一旦、滝下へ降りて見る。なるほど立派な滝だが、水量少なく何段にも腰を折って落ち、少し迫力に欠ける。記録の七〇《メートル》はなく、精々二段五〇《メートル》ほどか。

この滝の高巻きは右岸から。壁下を伝って小尾根に出てから右に折れ、再び壁下に出てくるバンドを右へ伝って上段滝の下に出る。この平坦な段を横断して左岸に移るが、後続には繋ぎ渡したシュリンゲを念のために伝ってもらう。あとは少し滝身より奥まった所になったが樹林帯を直上し、この滝の上に続く六《メートル》滝の滝頭へと降り着く。

上流はナメが連続するゴルジュで、そのあとの五《メートル》滝を越えると、浅い釜に落ちる二五《メートル》滝が行く手を阻む。今度は左岸からの高巻き。滝そばのルンゼが最短コースと攀じて行くが、これが一筋縄では行かず、結局は右の山腹に逃げたものの上へ上へ追い上げられ、ルンゼの最上部を横切ってから植林帯の中を長々と下らされた。だから大滝の上流少しの間の記録が抜けているかもしれない。降り着いたのはナメL五《メートル》が走る所で、流れはその上で首を右に振り、二条V字の八《メートル》滝を落とす。

ここは左岸滝横の岩のリッジを登る。滝身に近い所の方が楽だ。このあとは右岸の踏跡を伝って八《メートル》滝を架けて出合う枝谷を渡り、本谷のトユ状五《メートル》滝、L三《メートル》のナメ滝も一緒に巻いてしまう。戻った流れは釜を二つ連続させ、斜瀑四《メートル》、小滝二つ、ナメL六《メートル》が続くが簡単。最後の二段の斜瀑五《メートル》を右手から攀じ抜けたら、ようやく長かった悪場から解放される。

あとは坦々とした平凡な流れが続いて溯行の妙が失われ、日帰りなら切り上げ時となる。

〈下山〉

滝場が終わって植林帯が出てくると、小川のような凡流に変わり、滝一つ出てこない。そのまま突き進んでも、いずれ山道が横切るが、ほどほどの所で左岸斜面を少し攀じれば山道に出るので、これを辿って不動橋の袂へ下り帰る。

ポイント

やはり銚子滝と二五《メートル》滝の高巻きが問題。銚子滝は滝中段の横断を避けるなら初めから左岸を高巻く方がよい。二五《メートル》滝はルンゼから小さく巻ければよいのだが、馴れた者でなければ難しく、ルンゼ右の斜面を攀じるのが安全策。

見所

不動橋から仰ぐ不動滝、銚子滝、二五《メートル》滝を連続させて落とす谷の威容。その険悪さには沢歩きに馴れない者なら入谷を尻込みするのではなかろうか。時間の許す限りお楽しみを。

参考タイム

駐車地――銚子滝下（1時間30分）二条八《メートル》V字滝（2時間30分）仕事道への取り付きルンゼ出合い（1時間30分）仕事道で駐車地へ（1時間）

北山川支谷

14　摺《すり》子《こ》谷《だに》本《ほん》谷《たに》

＊ランク　中級者
＊行　程　日帰り（前夜発）
＊地形図　高代山

〈概況〉

北山川の七色貯水池が、やがて終わろうとする辺りに左岸から流れ込む谷で、中規模ではあるが、国土地理院の地図に滝記号の記された本谷の滝は一二〇《メートル》もある大滝だし、滝記号はないが、左俣にも連段ながら二〇〇《メートル》もの大滝が架かる事で知られ、一見の価値がある。


〈アプローチ〉

七色貯水池に架かる小口橋を渡ると、左に国道一六九号線に分かれて北山川左岸沿いに上流へ向かう車道がある。この道に入ってしばらくすると、ボート乗り場の駐車場を左に見送ってほどなくで大きな谷に架かる橋が現れる。この下の流れが目的の摺子谷で、橋を渡った左側に車三台分のスペースがある。大阪から三時間半。


〈入谷〉

すぐ橋の下の河原から溯ってもよいが、伏流なので渡り返した橋の袂から左岸沿いの山道をしばらく辿り、堰堤や道端の炭焼き窯跡を見送った先で、踏跡が不明瞭になる所から入谷。

摺子谷

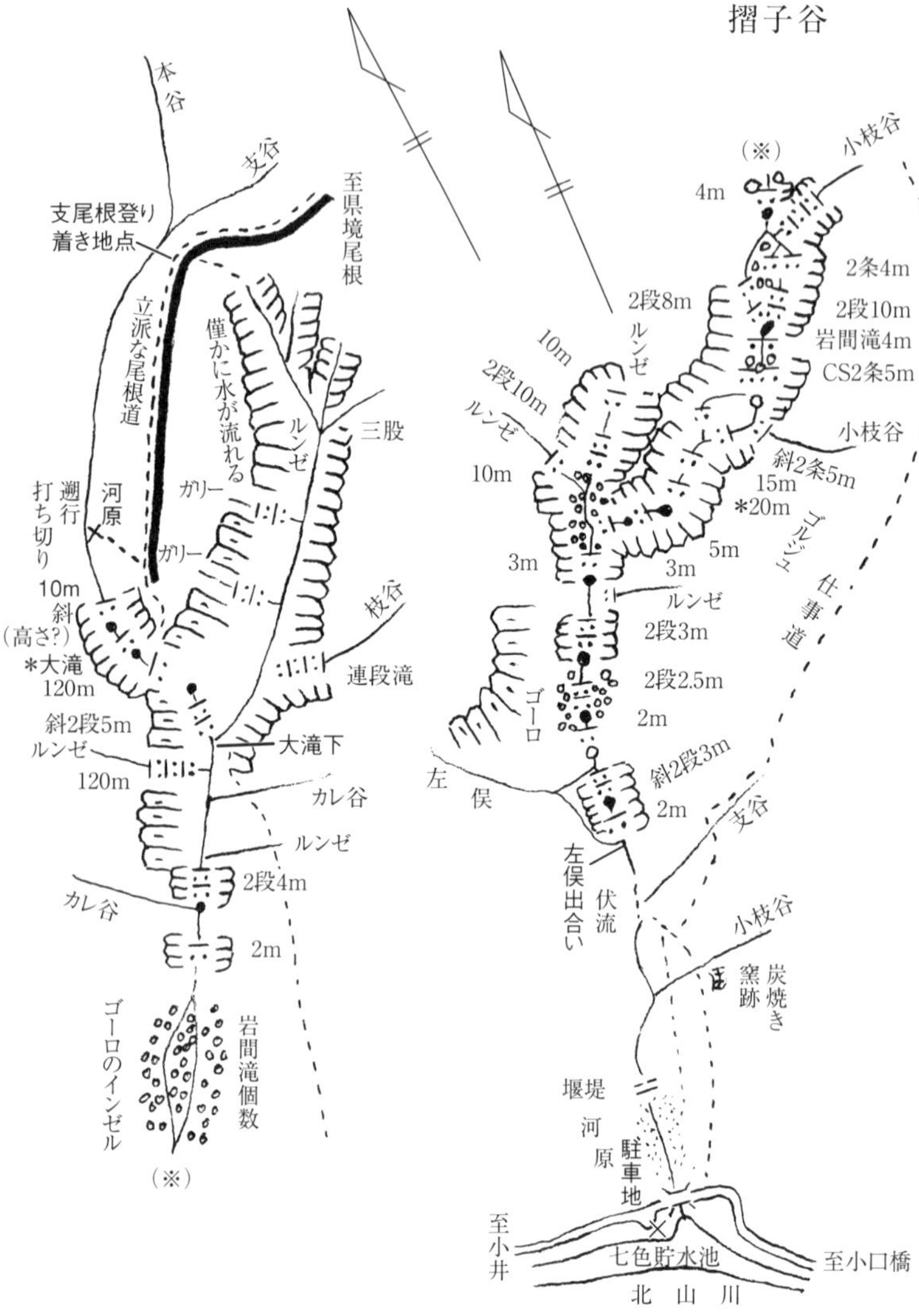
本谷
支谷
支尾根登り着き地点
至県境尾根
立派な尾根道
僅かに水が流れる
ルンゼ
三股
ガリー
ガリー
遡行打ち切り
河原
10m斜(高さ?)
*大滝120m
枝谷
連段滝
斜2段5m
ルンゼ
120m
大滝下
カレ谷
ルンゼ
2段4m
カレ谷
2m
ゴーロのインゼル
岩間滝個数
(※)
(※)
4m
小枝谷
2条4m
2段10m
岩間滝4m
CS2条5m
2段8m
ルンゼ
10m
2段10m
ルンゼ
10m
小枝谷
斜2条5m
15m
*20m
ゴルジュ
5m
3m
3m
ルンゼ
仕事道
2段3m
2段2.5m
ゴーロ
2m
斜2段3m
左俣
2m
支谷
左俣出合い
伏流
小枝谷
炭焼き窯跡
堰堤
河原
駐車地
至小井
七色貯水池
至小口橋
北　山　川

〈遡行状況〉

堰堤のあとから流れていた水は、わずかで出合う左岸支谷の出合いから再び伏せる。しかしほどなくゴーロ帯に入ると流れが戻り、小滝を一つ二つと越え抜ける。しばらくして右岸からの涸れ谷に続いて水の流れを本谷上流に向けた枝谷が出てくる。よく見れば下の涸れ谷と上部で合わさる一本の谷だ。見た目には余り大きな谷とは思えないが、これが一〇〇メートルの大滝を架ける左俣。ここから完全な急傾斜のゴーロの中を数個の小滝を越えて行くと、谷幅が急激に狭まって巨岩に埋まるゴルジュを迎える。

　入口からの三メートル滝二つを越えて右に折れた五メートル滝を見れば、その奥は周囲を高い壁に囲まれた深い井戸のような地形で、谷は左に折れ返した上部から下の釜に向かって豪快に二〇メートル滝を落とす。ここは直進する広いルンゼのガレガレの急斜面から高巻く。上部の二段一〇メートル滝の手前で右の岩壁に取り付き、壁が立ち出す手前で右へとトラバースして行くと、二〇メートル滝の落口を真上から見下ろせる場所に出た。

　二〇メートル滝の上には、すぐ一五メートル滝が架かり、流れに降りても登れないかもしれず、そのまま流れに沿って岩稜上を高巻

ゴルジュの20ｍ滝

く。谷は一五メートル滝の上で五メートルの斜瀑を架けているので、その滝の落口へと巻き降りた。

　これでゴルジュは終わり、流れは再び左へ折れてゴーロ帯に入る。中には連続してCS滝五メートル、岩間滝四メートル、右二段一〇メートル・左二段八メートルの二条滝、二条四メートル滝、四メートル滝が架かるが、難しいものはない。ここを抜けて岩間に幾つかの滝を架けるインゼルになったゴーロをやり過ごし、そのあとの二メートル滝と二段四メートル滝を越えると、右岸に高い岩壁が続いて、突然のごとくに、その岩壁の間を割って連段になった大滝が落ちるのが目に入る。高さは一〇〇メートル以上あるが、問題の大滝にしてはおかしい。ずいぶん奥まった所に架かっているし、水量もわずかで、まるでルンゼのよう。大滝の前に右岸支谷に架かる滝は五〇メートルとの事だが、この滝はそんなものではない。狐に摘まれたような思いだが、とりあえず大滝の上まで出て見ようと、記録どおりに直進する広い谷を溯る。

　ところが、ほんの少しで右岸に前の大滝同様の高さから剥き出しの広い岩壁を落ちる滝が現れ、吃驚仰天。こちらは水量もあるし、何段かに腰は打っているものの直瀑に近い豪快な滝である。やはり立派な大滝は実在したと大喜び。大滝下には二段五メートルの斜瀑が架かり、その落口上の釜に向かって左に直角に折れて一二〇メートルの落差を誇る。まさに名をしられた摺子谷の大滝の貫禄充分。

　このあとは直進する谷を攀じて大滝の高巻きに入り、最後は急峻なルンゼ状の所を木の根を頼りに詰め上がり、小尾根へと登り出る。すると尾根上には立派な道が付いていたので、左に辿って滝の落口に向かう。途中、右の谷へ下る道が分岐し、さらに帰りにガリーを懸垂下降した最初のコルに続き、もう一つコルが出てくるが、前のコブに登るのが面倒なので、二つとも道のない右の山腹を巻き進む。ほどなく流れが見えたと思ったら、水量豊かに落ちる滝の横を通過する。高さは離れているので不正確かもしれないが、一〇《メートル》ほどだろう。

その滝の釜の下流に架かる斜瀑は高さも規模も全く掴めない。その斜瀑から下流の方に目をやると、そこが大滝の落口で、樹林越しにスッパリと切れ落ちているのがよくわかる。

滝上からの見物を終えたあとは、上の一〇《メートル》滝上流の河原で流れに戻るが、記録を見ても一五《メートル》滝がある程度なので、溯行を打ち切る。

120 m大滝

〈下山〉

二つ目のコルまで戻り、ここから尾根道に登り出た谷へとガリーを下降する。最初はガリーの右の斜面を斜めに下り、最後は四〇《メートル》ザイル一杯の懸垂下降で切り抜ける。大滝下からは途切れ途切れの左岸の道跡を探しながら流れ下りを交えて下る。やがてそれも明瞭な山道になるので、ペースを早めて駐車地に帰り着いた。

ポイント

二〇《メートル》滝の架かるゴルジュの通過が少し難しい。直進するルンゼから取り付く岩壁は慎重に攀じて欲しい。五《メートル》滝の上から左岸も巻けるらしいが、熟練者でないと厳し過ぎると思う。

注意点

大滝からの下りは左岸の道跡が途中で何箇所も分断していて探すのに一苦労するから、わからなければ谷通しに下っても支障ない。二〇《メートル》滝の架かるゴルジュに入る手前辺りから明瞭に続き出し、やがて最初に左岸から入る大きな支谷の途中に降り着く。そのあとで山腹トラバースとなって谷から離れるが、最後に一気に谷へと下っているので心配いらない。

見所

大滝は滝下からの姿も圧巻だが、滝上からの眺めは素晴らしい。山腹をトラバースして滝横の岩壁の上へ移動する。そこから下を覗き込むと樹林や岩壁の出っ張りで滝の真下は見えないが、落口から小さく二、三段に落ちたあと、数段腰を打ちつけながら落ちて行く様は迫力充分だ。遥か下方の谷の様子もはっきりと望め、気持ちの洗われる思いがするだろう。スッパリ切れ落ちているので移動には注意しよう。

参考タイム

出合い駐車地――左俣出合い（30分）大滝下（2時間）支尾根（40分）大滝上流一〇《メートル》滝上河原（30分）駐車地（2時間）

北山川支流大又川支谷

15 大又《おおまた》川西ノ谷下流域

＊ランク　中級者
＊行　程　（前夜発）日帰り
＊地形図　高代山

〈概況〉

北山川支流の大又川の支谷で、出合いから両俣に林道が谷沿いに付けられ、全行程を溯行する妙はすでに失われた感がする。ところが林道を高い所に付けざるを得なかった部分が途中にあり、そこには大滝を含めて多くの滝が架かった溯行価値の高い部分が残されている。


〈アプローチ〉

国道一六九号線で奈良県から三重県へ入るとほどなく土場隧道を抜ける。このトンネル出口すぐの橋の下が西ノ谷の流れで、橋の手前から左への林道に入る。やがて左岸に移った林道はほどなくで、本流を高巻くために左岸の大きな支流沿いに登って行く。ここが溯行開始地点なので適当な広地に駐車。大阪から四時間ほど。


〈入谷〉

左岸支流出合い付近の適当な所から本流へと下り、そこから溯行開始。


〈溯行状況〉

左岸支流出合いすぐの堰堤を左岸の仕事道で越えると五分ほどの間は伏流。水の流れが戻っ

大又川西ノ谷下流域

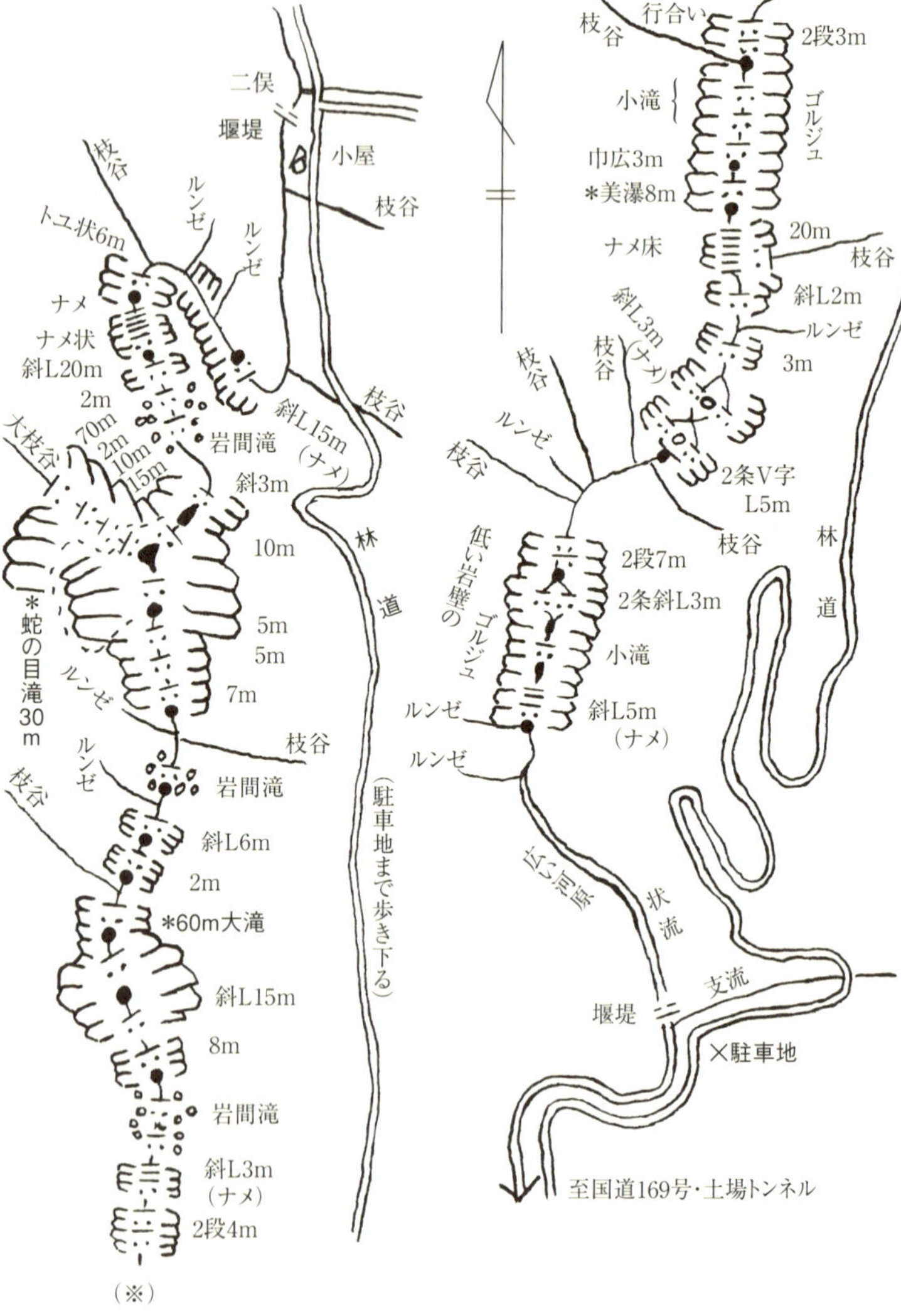
二俣
堰堤
小屋
枝谷
ルンゼ
トユ状6m
ナメ
ナメ状
斜L20m
2m
70m
2m
10m
15m
大枝谷
岩間滝
斜3m
斜L15m
(ナメ)
10m
5m
5m
7m
＊蛇の目滝30m
ルンゼ
枝谷
岩間滝
斜L6m
2m
＊60m大滝
斜L15m
8m
岩間滝
斜L3m
(ナメ)
2段4m
(※)
林道
(駐車地まで歩き下る)
ゴルジュ出口(※)
行合い
2段3m
小滝
ゴルジュ
巾広3m
＊美瀑8m
ナメ床
20m
斜L2m
ルンゼ
3m
斜L3m
(ナメ)
2条V字
L5m
2段7m
2条斜L3m
小滝
斜L5m
(ナメ)
低い岩壁のゴルジュ
広い河原状流
堰堤
支流
×駐車地
至国道169号・土場トンネル

てしばらくすると最初のゴルジュ。しかし両岸の壁は低く、最後の二段七《メートル》を右から巻かされる程度。再び平凡な流れが続き、何本もの枝谷やルンゼを見送る。途中の二条V字形の斜瀑L五《メートル》は左岸を巻く。左岸に二〇《メートル》滝を架ける枝谷を見送ると次のゴルジュ。

入口に架かる八《メートル》滝は幅の広い美瀑で、水量豊富に下の釜へ豪快に落ちる。このゴルジュも

美瀑８ｍ

短いが、出口に架かる二段二《メートル》滝が両壁の押し迫った行合いとなり、通過がままならずに左岸を高巻かされる。次に出てくるのは、またも豪快な八《メートル》滝。深い釜に向かって一気に落ちる姿は迫力がある。ここは一・五《メートル》高の右岸バンドになんとか登り、これを伝ってダイレクトに滝頭へ出た。前には未だ距離があるのに大滝が姿を現わす。前門の斜瀑一五《メートル》を越えて滝前に立てば六〇《メートル》もあり、岩壁を割って深い釜に豪快に落ちる様は圧巻だ。

ここは右岸からの高巻きで、下の斜瀑の落口を対岸に渡り、リッジ状を攀じて行く。やがて樹林帯に突き当たり、右へトラバースする。際どい山腹のへつりで気が抜けないが、落口すぐ横へと導かれ、そこから落口に連なる岩壁のバンドを伝って流れへと近づき、最後は三《メートル》ほど直上して頭に出た。

60 m大滝

このあとに、この谷で最も苦労した蛇の目滝が出てくるが、この間にある幾つかの滝は、へつりや巻きで越えて行く。最後に近づくまでは三段二〇《メートル》と見た七《メートル》、五《メートル》、五《メートル》の独立滝を乗り越えて蛇の目滝の前に立つ。記録にあるような六〇《メートル》はなく、精々三〇《メートル》くらい。しかし水量多く、下の大滝に見劣りしない。

ここは左岸側に高い壁が続いて全く手が出ないので、右岸からの大高巻きとなる。ところが出来るだけ小さく巻こうとして大失敗。右岸支谷の右岸尾根のコルを越えて、支谷に架かる七〇《メートル》滝、一〇《メートル》滝を見ながら下り、最後に蛇の目滝すぐ上の一〇《メートル》滝と釜を共有する一五《メートル》滝の頭を対岸に渡ってから本谷右岸を際どく乗り越して一〇《メートル》滝の上に降り着くのに二時間半も費やす大高巻きとなった。

このあと、なおも悪場の余韻を残す流れをなんとか抜け出ると、美しいナメ状斜瀑L二〇《メートル》と、これに続いてナメ床が出てきて、ようやく緊張がほぐれる。あと少しの溯行終了地点までは悪場はなく、その上で流れが右にUターンしているトユ状の六《メートル》滝を右岸から取り付いて抜け上がり、続いて今度は左にUの字を描くナメ状斜瀑L一五《メートル》の落口を過ぎると、すぐ

蛇の目滝 30m

右上に林道が見えて溯行の終了を知らせてくれる。

ここで溯行を終えてもよかったが、一〇分ほど先の堰堤まで溯ってから林道に上がった。

〈下山〉

左岸を高巻いていた林道が降りてくるので、攀じやすい適当な所から登り出るか、ほどなくの二俣から林道に出て、駐車地まで帰る。

ポイント

蛇の目滝の高巻き。小さく巻こうと無理をして最初から滝に近づくと必ず詰まり、戻るのに苦労する。ここは初めから下流に入るルンゼまで戻り、この左岸壁沿いに上部を目指して小尾根のコルに登り出るのが手っとり早い。

見所

六〇メートル滝や蛇の目滝も威圧感充分だが、蛇の目滝上の右岸枝谷に架かる天から降り注ぐような七〇メートル滝は圧巻。林道を駐車地へ帰る途中、その全貌を本谷の蛇ノ目滝と一緒に展望出来るが、切り立った崖に架かる姿は凄いの一言で、その崖懸にいたのかと思うとゾッとしてきた。

参考タイム

駐車地——行合いのあるゴルジュ出口（1時間30分）六〇メートル大滝下（1時間）蛇の目滝下（1時間）巻き終わり（1時間）堰堤（1時間15分）林道（5分）駐車地（1時間）

櫛田川水系

16 櫛田川支流蓮川支谷 絵馬小屋谷《えまごやだに》

＊ランク　中級者
＊行　程　（前夜発）一泊二日
＊地形図　七日市　宮川貯水池

〈概況〉

蓮川中流の廃村・三軒屋で右岸に流れ込む谷で、池木屋山から東に派生した尾根上の白倉山を源頭にする。この谷には五所ヶ滝のゴルジュを筆頭に名のある滝が数本架かり、沢登りの醍醐味が満喫出来るだろう。入谷も野江股谷の出合いまで林道が付けられ、以前と比べてぐっと楽になったし、さらにそこから白倉山への登山道が整備されたので下山に利用出来る。


〈アプローチ〉

国道一六六号線で高見トンネルを抜け、舟戸口で右に折れて栃谷集落、加杖坂峠経由で蓮貯水池へ向かう。やがて出てくる貯水池に架かる赤い橋を右折して渡り、貯水池を左下に見ながら走る。何時か貯水池が切れて蓮川が流れを取り戻し、やがて左手に観光絵図看板が立つ所で左へ下る道が分岐する。これが絵馬小屋谷左岸沿いの林道で、赤い橋で蓮川を渡り、一〇分ほどの終点まで入る。大阪から二時間半～三時間。


〈入谷〉

林道終点から直進する道で谷の方へ下り、野江股谷に架かる橋を渡って左の絵馬小屋谷の方

絵 馬 小 屋 谷

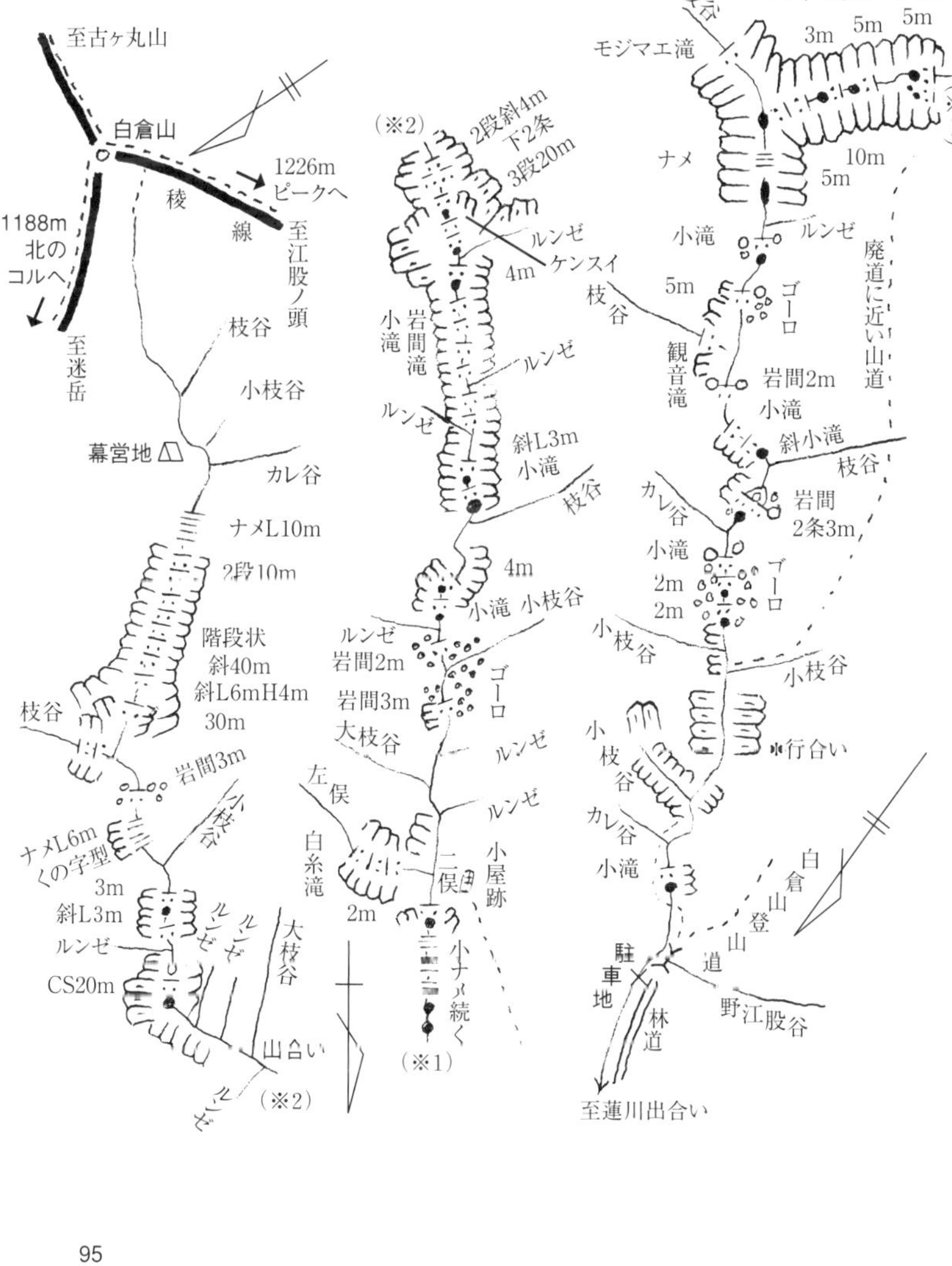

至古ヶ丸山
白倉山
1226m
ピークへ
稜
線
至江股ノ頭
1188m
北の
コルへ
至迷岳
枝谷
小枝谷
幕営地
カレ谷
ナメL10m
2段10m
階段状
斜40m
斜L6mH4m
30m
枝谷
岩間3m
小枝谷
ナメL6m
くの字型
3m
斜L3m
ルンゼ
CS20m
ルンゼ
ルンゼ
大枝谷
出合い
（※2）
ルンゼ
（※2）
2段斜4m
下2条
3段20m
ルンゼ
ケンスイ
4m
小滝
岩間滝
ルンゼ
ルンゼ
斜L3m
小滝
枝谷
4m
小滝
小枝谷
ルンゼ
岩間2m
ゴーロ
岩間3m
大枝谷
ルンゼ
左俣
ルンゼ
白糸滝
二俣
小屋跡
2m
小ナメ続く
（※1）
＊五所ヶ滝のゴルジュ
枝谷
モジマエ滝
3m
5m
5m
（※1）
ナメ
10m
5m
小滝
ルンゼ
廃道に近い山道
5m
枝谷
ゴーロ
観音滝
岩間2m
小滝
斜小滝
枝谷
カレ谷
岩間
2条3m
小滝
2m
2m
ゴーロ
小枝谷
小枝谷
小枝谷
＊行合い
カレ谷
小滝
白倉山登山道
駐車地
林道
野江股谷
至蓮川出合い

行合い

へ入る（ここに白倉山登山口がある）。谷中は平凡なゴーロなので、左岸沿いの仕事道を五分ほど辿り、右岸へ渡る地点から溯行開始。

〈溯行状況〉

〔一日目〕出合いから一五分で両岸の壁が急激に接近した行合いを通過する。このあとからポツポツ滝が出てくるが、小滝ばかりで退屈な溯上がしばらく続く。やがて左岸枝谷を見送ると左手の樹林の奥に大きな滝が落ちるのが見える。支谷に架かる観音滝だろう。この先少しで最初の滝と呼ぶにふさわしい五メートル滝を迎える。これを右手のゴーロから抜け上がると、前方に廊下が見えてくる。これが難関の五所ヶ滝の入口。廊下の中には長細い淵の次に小さなナメがあり、その真正面が高い壁で塞がれて右に折れた流れは一気に狭まった所に五メートル滝を落とす。落口左横には大岩が詰まり谷幅をさらに狭めているので一層陰惨に感じる。その上流右岸側に見える大きく扇形に広がる伏流でゴーロの枝谷は上部に滝を落としているが、それがモジマエ滝らしい。

ここは右岸壁を攀じたとの記録もあるが、難しいので廊下の入口に戻り、左岸ルンゼから高巻く一般的ルートを選ぶ。上部の台地へ登り出て、随所に見られる赤テープを追って出来るだけ流れ近くを進む。手前からは見えなかったが入口の五メートル滝の上には一〇メートル滝が続くから、この滝は二段一五メートル滝だ。その先には三メートル、五メートル、

五所ヶ滝のゴルジュ

五メートルの滝が続き、谷中は凄じい様相を呈している。二つ目の五メートル滝をやり過ごすと、高巻きが終わって谷芯に簡単に戻る。小さなナメを幾つか遡り、二一メートル滝を越えると一　八八メートルポイント北のコルから落ちる左俣の出合う二俣。

二俣から上流は四メートル滝が出てくるだけで、再び凡流がしばらく続く。ほどなく左岸枝谷を入れると壁が立って廊下に入る。中には小滝と岩間滝が連続したあとで四メートル滝が架かる。これを右から越え抜けると流れは左に折れて下段一〇メートル、中段五メートルの滝を落とす。上にもあと一段続く合計二〇メートルの滝だが、この時点では視認出来ない。ここは左岸ルンゼに活路を求めるが、これがザイルを出したりの悪戦苦闘をしいられる嫌らしい高巻き。まず中段五メートル滝も越えて上段の釜を持つ五メートルが見える地点に登り出て、ここから一旦懸垂下降で上段滝の釜横へ降り、上段

滝を滝身近くにルートを取って攀じ抜ける。この上の斜瀑二条四メートル越えると、わずかで壁が切れ、ようやく廊下が終わる。

　このあとほどなく大きな支谷が左岸から合わさり、その先わずかで右岸の壁が立ってくる。そして流れが右に折れたところに二〇メートルのCS滝が架かる。滝の両側を壁がガードし、特に右岸の圧倒的な高さの壁には威圧される。ここは高巻くしかなく、少し戻った左岸ルンゼにルートを取り、上流側のルンゼを下って流れに戻る。数個の滝を難なくこなすと、谷は大きく広がり滝身の中間部が抉れた三〇メートル滝が待ち構える。この谷最大の滝だが、水量少なく迫力はもう一つ。ここも右岸枝谷からの高巻きで、大滝の上に続くH四メートル・L六メートルの斜瀑の下に降り、この滝は左岸側から越え抜ける。上には四〇メートルのナメ状斜瀑が階段状に続き、それをほとんど直登出来るから楽しい。続いての二段一〇メートル滝も左岸側から直登。そして一〇メートルのナメ床が最後を締めくくる。もう水切れ寸前で、谷泊のわれわれは少し上流を幕営地とした。

〔二日目〕ここから上流には滝らしい滝もなく、出たり失せたりしていた流れが完全に消えてしまうと、稜線は一投足で、白倉山へは登り一〇分の登山道へ登り着いた。

〈下山〉

　もっとも一般的で楽なのは登山道での下山。白倉山から尾根を西に取り、一二二六メートルピークから右に折れて尾根道を登山口へ下る。所要二時間。われわれは時間もあったので左俣を下降して本谷へ戻り、そこから左岸の仕事道を辿って行合まで下ったあと、少しの流れ下りをしてから再び出てくる仕事道で駐車地へ帰った。

ポイント

五所ヶ滝のゴルジュの通過。左岸からの高巻きは極力谷そばを。あまり高巻くと仕事道を辿る事になるので面白みがない。右岸からの高巻きは腕によほど自信のある者に限られる。

注意点

左俣を下る時には本谷手前で広い谷幅一杯のツルツルの岩盤が砂漠のようにうねり、その中を流れが数条かつ数段に分かれた五〇メートルほどのナメ床の下には直瀑が架かるので、迂闊にナメ床を下らず、左岸の踏跡を辿って滝の落口に出る。そこから左の壁の下の傾斜の強いバンドを辿り下れば再び踏跡へと繋がる。

見所

五所ヶ滝のゴルジュは両岸が急激に狭まり、滝身といわず周りの壁といわず、全体がツルツルのスラブ壁で形成され、流れはトユ状の急傾斜の滑り台の上を数段の滝となって右に左にクネリながらそれぞれの滝壺目掛けて落下し、ちょっと通過は不可能。なんとも身の竦む思いのする滝場で、上からでは不正確になる高さを掴もうとしても、これでは降りて行く事も難しい。

参考タイム

〔一日目〕駐車地――二俣（1時間40分）左岸大支谷出合い（2時間20分）高度一〇一〇メートル付近幕営地（1時間10分）

〔二日目〕幕営地――稜線（30分）白倉山（10分）ピーク一一八八メートル北のコル（30分）左俣下降して本谷出合い（1時間30分）駐車地（1時間20分）

17 野《の》江《え》股《また》谷《たに》

櫛田川支流蓮川支谷絵馬小屋谷右俣

＊ランク　中級者
＊行　程　（前夜発）一泊二日
＊地形図　七日市
　　　　　宮川貯水池

〈概況〉

絵馬小屋谷の右俣にあたる谷で、台高主稜の池小屋山から東に派生する支稜の白倉山と池小屋山との中間に位置する江股ノ頭を源頭にしている。不動滝、イガミ滝、鶴小屋滝といった名を持つ滝や幾つものゴルジュがあり、沢登りの楽しさを満喫出来る。下山も整備された白倉山登山道が利用出来て楽である。

〈アプローチ〉〈入谷〉

絵馬小屋谷に同じ。

〈遡行状況〉

〔一日目〕出合い橋の手前から流れに入り、左に絵馬小屋谷を見送って遡行開始。すぐの大釜を持つ小滝を越えると、早くもゴルジュを迎え、最初の岩間滝八㍍を左岸から巻き上がる。流れが急激に狭まり、落口上部が岩を抉って穴を開けたように両岸が密着して不気味な雰囲気の一五㍍の不動滝が出てくる。

ここは右岸から落口近くへ登り出るが、上に続く一五㍍のイガミ滝が登れないので、左に折れ返して岩壁を登って上部の樹林帯へと攀じ上がる。樹林帯からは山腹を岩壁に突き当たるま

17　野江股谷

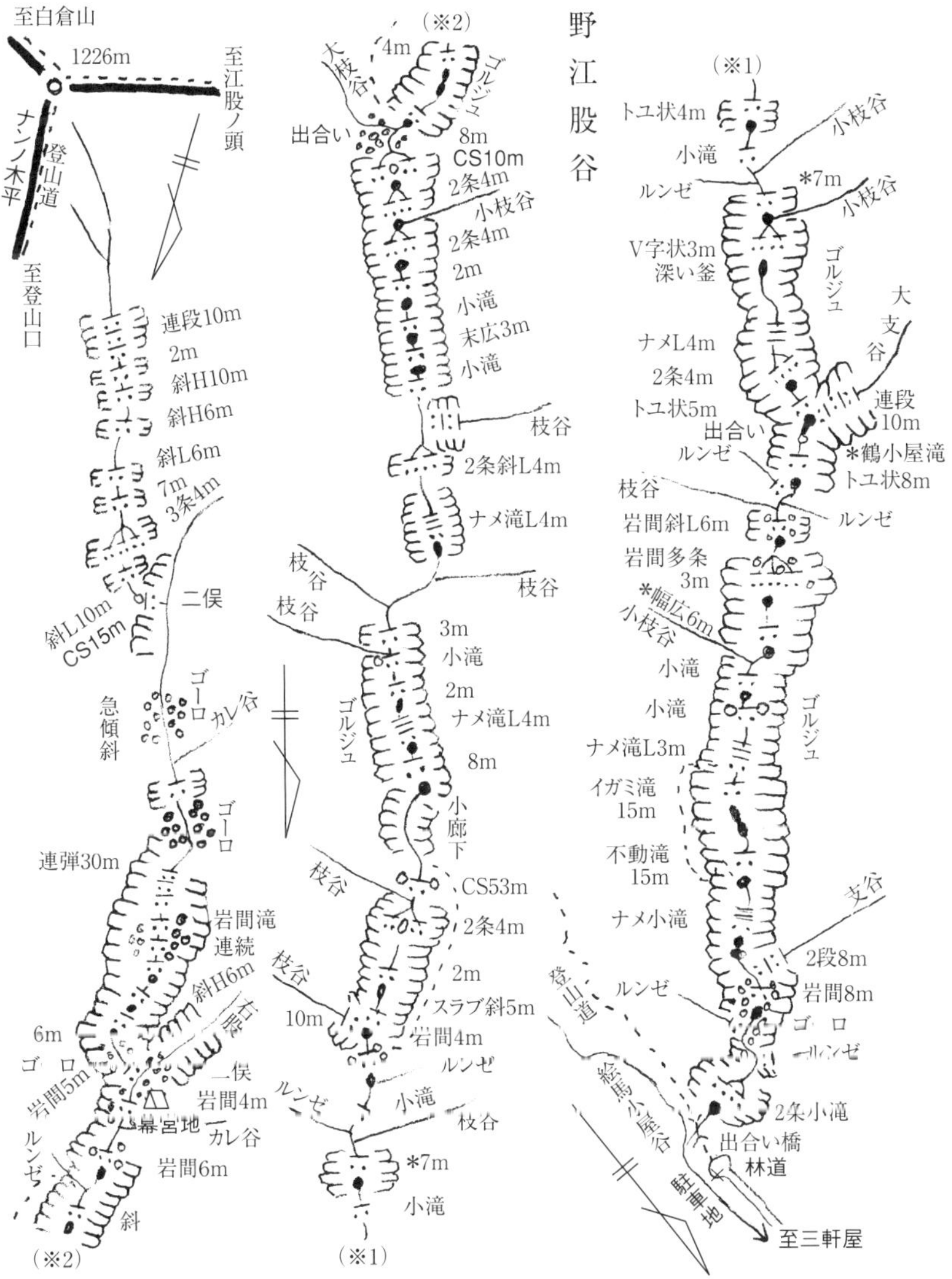
野江股谷
至白倉山
1226m
至江股ノ頭
ナンノ木平
登山道
至登山口
連段10m
2m
斜H10m
斜H6m
斜L6m
7m
3条4m
二俣
斜L10m
CS15m
急傾斜
ゴーロ
カレ谷
ゴーロ
連弾30m
岩間滝
連続
斜H6m
6m
ゴーロ
岩間5m
一俣
岩間4m
幕営地
カレ谷
ルンゼ
岩間6m
斜
(※2)
(※2)
4m
大枝谷
ゴルジュ
出合い
8m
CS10m
2条4m
小枝谷
2条4m
2m
小滝
末広3m
小滝
枝谷
2条斜L4m
ナメ滝L4m
枝谷
枝谷
枝谷
3m
小滝
2m
ナメ滝L4m
ゴルジュ
8m
小廊下
CS53m
枝谷
2条4m
2m
枝谷
スラブ斜5m
10m
岩間4m
ルンゼ
ルンゼ
小滝
枝谷
*7m
小滝
(※1)
(※1)
トユ状4m
小枝谷
小滝
*7m
ルンゼ
小枝谷
V字状3m
深い釜
ゴルジュ
大支谷
ナメL4m
2条4m
連段
10m
トユ状5m
出合い
ルンゼ
*鶴小屋滝
トユ状8m
枝谷
ルンゼ
岩間斜L6m
岩間多条
3m
*幅広6m
小枝谷
小滝
小滝
ゴルジュ
ナメ滝L3m
イガミ滝
15m
不動滝
15m
ナメ小滝
支谷
2段8m
登山道
ルンゼ
岩間8m
ゴーロ
ルンゼ
絵馬小屋谷
2条小滝
出合い橋
林道
駐車地
至三軒屋

幅広６ｍ滝（上）
トユ状８ｍの鶴小屋滝（下）

でトラバースし、そこから二《メートル》ほどの垂壁をシユリンゲで流れに降りる。そこはまだゴルジュの中で、ナメや小滝を越えて六《メートル》滝を迎える。ここは右側の岩場を攀じて抜け上がり、岩間滝三《メートル》を越えてゴルジュを抜ける。

　途中の岩間滝L六《メートル》をやり過ごすと、トユ状の美瀑八《メートル》滝が登場。鶴小屋滝だ。この滝を左から巻き越えると次のゴルジュ。目の前には谷幅一杯に岩が挟まり前進を阻むが、ザックを前に担いで前進すれば大岩と壁の間の隙間が潜り抜けられる。すると左岸から枝谷が連段滝一〇《メートル》で出合い、本谷にも鶴小屋滝に少し見劣りするトユ状の五《メートル》滝が落ちる。この滝を右岸から巻き上がり、次の二条四《メートル》滝も一緒に越えて流れに戻ると、V字状三《メートル》滝前の深い釜が行く手を阻む。釜を泳げば滝は登れるが、ここは右岸壁際をバランスのいる嫌らしいへつりで釜を越えてから滝身を登る。すぐに続く七《メートル》滝も右側を攀じて落口に立つとゴルジュは終わりを告げるが、滝はさらに出てくる。

　トユ状四《メートル》滝のあとの七《メートル》滝を右から越え抜け、小滝と岩間滝四《メートル》をやり過ごすと、またもゴルジュ状を呈して入口にスラブ滝五《メートル》が架かる。ここは打つ手がなしと左岸から巻き、上の二《メートル》滝、二条四《メートル》滝、CS滝三《メートル》も一緒に巻いて壁の切れ日から流れに戻る。

　ゴルジュを抜けて谷の右岸側が大きく広がると、そこには八《メートル》滝が待ち構えるが、ここは左から落口に向かってフリーで登れる。上部はまたもゴルジュで、深い釜にリメ滝L四《メートル》が流れ込む。見た目にはちょっと嫌らしいが、釜の右岸を際どくへつって細いナメ滝をチムニー登りで突破。あとの二《メートル》滝と三《メートル》滝を簡単に越えるとゴルジュを抜け出る。

7ｍ滝

　ここから少し間を置いて再びゴルジュとなるが、これはナメ滝L四《メートル》があるだけ。しかし滝はさらに続き、二条の斜瀑四《メートル》を越えると、滝の連続する滝場を迎える。前半の滝は小滝で簡単だが、二条四《メートル》滝が悪く、これを左岸から巻いたら上の二条四《メートル》滝とCS一〇《メートル》滝も一緒に巻かされる。

流れに戻って大きく広がる谷を前進すると、右岸からガレ谷が入り、右に折れる本谷の奥は高い峭壁が両側から押し迫って急激に狭まり、不気味なゴルジュの様相を呈する。近づけば入口に架かる八メートル滝は全く取り付く島がない。仕方なく右岸のガレ谷から巻き上がり、ゴルジュ沿いに上流へ進む。

最後まで壁が立ち、途中で降りられなかったが、上から覗くゴルジュの中には二つの淵のあとに四メートル滝と斜瀑が続いていた。ほどなくで入るルンゼを下って流れに戻ると、谷は依然として廊下状だが険悪さはなく、六メートルの岩間滝を右から巻き越えたところで、一応ゴルジュは終わる。そこからわずかで二俣を迎え、この手前の左岸高台を幕営地とした。

〔二日目〕二俣から上流は共にゴルジュで、どちらを本谷と見るかは難しい判断だが、登山道に近い左俣にルートをとる。急激に左に折れる出合いの岩間滝四メートルを抜け上がり、ゴルジュの中へ入って行く。わずかで真正面は岩壁で行き詰まり、右からツルツルの岩盤を落ちる六メートルの細い滝が出てくる。ここは左岸の岩壁の少し下流から落口の方へのガリーを攀じて上部に出る。するとそこは次の斜瀑六メートルを真上から見下ろせる場所で、横にトラバースして谷には簡単に戻れる。

上流には巨岩に架かる岩間滝が連続し、それらを適当にこなして行くと、連段になった三〇メートル滝が現れる。これは別段難しくなく、楽に直登して行く。これを登り終えると、谷が大きく開けてゴルジュは終わり、水量が極端に減ったゴーロの中にポツポツと出てくる岩間滝を気持ち良く越えて行く。しかし急傾斜なので息が上がって苦しい。

ほどなく広い谷の右岸に岩壁が立ち出したと思ったら、その壁が突然のごとく切れた奥の狭い隙間にCS滝一五メートルが落ちる。地図で確認すれば、これが本谷で、直進する谷を進み、右岸壁が切れた所から左に回り込んで山腹を攀じて行くと落口に出た。

　落口から上流は滝の細さからは想像出来ない谷幅があり、その中に滝を連続して架ける。斜瀑L一〇メートル、三条四メートル、七メートル滝、斜瀑L六メートル、斜瀑H六メートル、斜瀑H一〇メートルと直登するが、シャワクラで登ったので濡れネズミ。このあと、うっかり右へ曲がる本谷を見落として直進してしまい、最後に連段の一〇メートル滝を直登してから尾根に登り出たら、一二二六メートルピークから北に下る白倉山登山道途中の「ナンノ木平」と「一一八〇メートル」の木札が架かる小ピークだった。

〈下山〉

　この時は支尾根の登山道に出てしまったが、江股ノ頭あるいは主稜に登り出たら尾根を白倉山方面へと辿り、一二二六メートルピークから北に下る白倉山登山道で遡行開始地点の二俣へ下る。

ポイント

　不動滝・五メートルは右岸から落口に登っても、その奥に釜を二つ従えた両岸ツルツルの岩壁に囲まれたイガミ滝一五メートルが待ち受け、結局は途中から下流方向へ降り返して嫌らしい壁を登る事になるので、自信がなければイガミ滝は拝めないが、流れを少しバックした右岸斜面から高巻いた方が時間的にもずいぶん早いし安全。

注意点

　源頭部に入っての二俣。江股ノ頭に向かうのであれば構わないが、一二二六メートルピークに向かう時には岩壁の奥の細いCS一五メートル滝の架かる谷に入る必要があるので見落とさないように。

見所

随所にゴルジュがあるし、滝も多いので見所沢山の谷だが、鶴小屋滝の、まさに円筒を半分に立て割りにしたような美しい容姿にはハッとさせられるだろう。

エピソード

下山中の登山道で女性メンバーが滑って転倒した際、出ていた露岩に手首を打ち付けた。たいした転倒ではなく、私には大事はないように思えたが、本人は顔をしかめて長時間痛がり、帰宅して病院で診てもらうと骨折していたという。危険な谷中ではなく、なんでもない所でも事故は起こるので、最後まで気を抜けない。

参考タイム

［一日目］林道終点駐車地——左岸大支谷出合い（2時間30分）CS一〇メートル滝上流右岸大支谷出合い（2時間）二俣の幕営地（30分）

［二日目］幕営地——CS一五メートル滝下二俣（1時間）ナンノ木平（30分）林道終点駐車地（1時間）

櫛田川支流蓮川支谷

18 ヌタハラ谷

＊ランク　中級者
＊行　程　(前夜発)一泊二日
＊地形図　七日市　大豆生

〈概況〉

台高主稜の明神岳から東に派生する尾根に赤嵓《あかぐら》山、檜塚ノ奥峰、千秋峰といった山々が連なる。ヌタハラ谷は、これらの山々を源頭とする谷で、一〇〇〇《メートル》の夫婦滝を筆頭に不動滝、コウセ滝、ネコ滝、アザミ滝と名のある滝を有している。技術的には同じ流域の奥ノ平谷や絵馬小屋谷に比べて難しくはないが、これらの大滝が沢登りの醍醐味を醸し出してくれる。遡行を終えて尾根に出れば山道が檜塚ノ奥峰からヌタハラ谷の左岸高み沿いに付けられていて、廃村・蓮《はちす》へと下れるので下山も楽だ。時間的には前夜発でなくても十分だが、余裕を持って沢登りを楽しんでもらいたい。

〈アプローチ〉

絵馬小屋谷の出合いから林道をさらに奥へ進むと、廃村・蓮を過ぎる地点で南に向きが変わる。この付近に下山してくる山道の入口があるので、時間に余裕があれば確認しておくのもよい。さらに奥へと車を走らせると、ほどなく左手の蓮川の流れを離れて右に曲がったあと、少し先で谷に架かる橋を左手に見る。この下の流れがヌタハラ谷で、左手の橋を渡らず谷の左岸

ヌタハラ谷

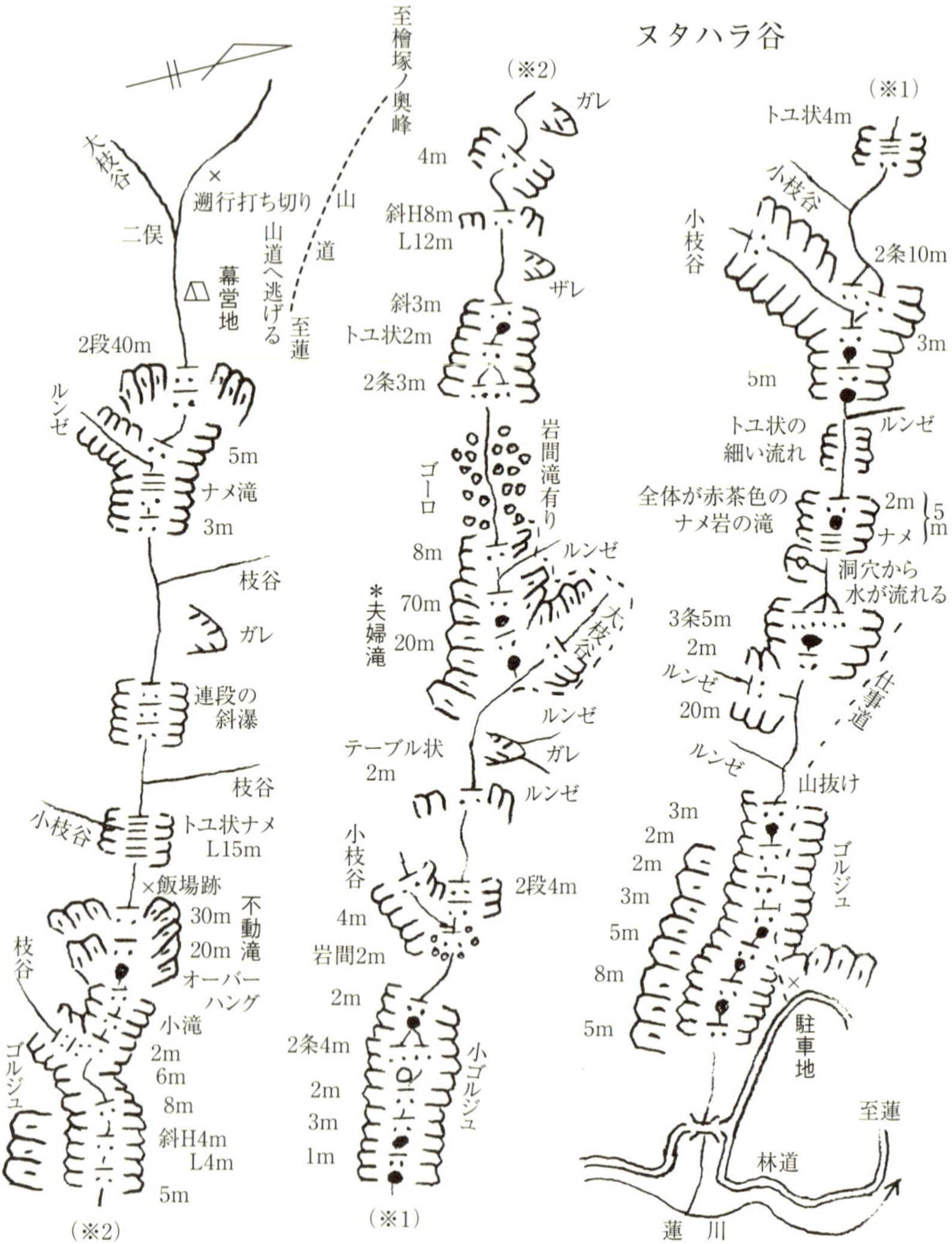

(※1)
トユ状4m
小枝谷
小枝谷
2条10m
3m
5m
ルンゼ
トユ状の細い流れ
全体が赤茶色のナメ岩の滝
2m
ナメ
5m
洞穴から水が流れる
3条5m
2m
ルンゼ
20m
仕事道
ルンゼ
山抜け
3m
2m
2m
3m
5m
8m
5m
ゴルジュ
駐車地
至蓮
林道
蓮 川
(※2)
ガレ
4m
斜H8m L12m
ザレ
斜3m
トユ状2m
2条3m
岩間滝有り
ゴーロ
8m
ルンゼ
＊夫婦滝
70m
20m
大枝谷
ルンゼ
テーブル状 2m
ガレ
ルンゼ
小枝谷
2段4m
4m
岩間2m
2m
2条4m
2m
3m
1m
小ゴルジュ
(※1)
至檜塚ノ奥峰
山道
大枝谷
×遡行打ち切り
二俣
幕営地
山道へ逃げる
至蓮
2段40m
ルンゼ
5m
ナメ滝
3m
枝谷
ガレ
連段の斜瀑
枝谷
小枝谷
トユ状ナメ L15m
×飯場跡
不動滝
30m
20m
オーバーハング
枝谷
小滝
2m
6m
8m
斜H4m L4m
5m
ゴルジュ
(※2)

沿いに分岐する林道に入り、わずかに進んだ地点で右にUターンして谷を離れ出す付近に駐車する。大阪から二時間半～三時間。

〈入谷〉

すぐ下の流れには下流から滝が連続して面白そうだが、林道が出来たためか、左岸壁は懸崖になっていて懸垂下降でもしなければ降りられないので、流れ近くを左岸沿いに谷奥へ続く仕事道を辿り、山抜けで道が崩れてしまった地点から入谷する。

〈溯行状況〉

〔一日目〕最初の大滝・夫婦滝までは三条五メートル滝を左岸から巻き、二条一〇メートルも左岸から高巻く。ミニゴルジュは難なく抜けられる。一〇メートルあるといわれる二段の夫婦滝は下から全貌は見られないが、それでもなかなかの圧巻。

ここは滝下左岸に入る幅の広い枝谷にルートをとって大きく高巻く。しかし余り高巻き過ぎて、夫婦滝の落口より遥か上流へ降りてしまった。次の不動滝前門のゴルジュまでは、これといった難場もなく通過。ゴルジュに入ると五メートル滝、八メートル滝、六メートル滝が続き、八メートル滝の通過に少してこずる。ここを抜けると眼前に不動滝が立ち塞がり、感嘆の声が漏れる。二段で五〇メートルはあろう。ここも左岸から高巻くが、滑りやすいザレ場の斜上のあとは落口への壁下バンドのトラバースで、気を抜く暇がなく、落口横へ出た時には喉がカラカラだった。

登り出た所は小広い台地状で、下流側に木々の茂りがないので素晴らしい展望台。大きな錆びたノコギリが転がっている所からして、かつては飯場小屋があったのだろう。

沢身を行く

流れに戻って溯行を再開すると、凡流がしばらくの間続く。やがて三《メートル》、五《メートル》と滝が出て来たあとで二段四〇《メートル》滝に突き当たる。これも名前があるのだろうが、どれに相当するのかわからない。ここもガイド書に逆らって左岸を高巻く。そのせいか、ずいぶんてこずらされて他のメンバーにも苦しい思いをさせてしまった。

上流は大滝が嘘のような穏やかな流れで、あちこちに幕営適地が点在する。しかし時間が余りにも早過ぎるので、さらに上流へと向かう。ところが進むほどに傾斜が増すし、岩だらけの地形が続き出し、このまま最後の二〇《メートル》滝を越えると今度は時間が遅くなってしまうので、下

夫婦滝

り直してバイケイソウの生い茂る素晴らしい草地にテントを張る事にした。

〔二日目〕　翌日はあいにくに明け方から降り出した雨が次第に本降り状態。なんとか二〇《メートル》滝だけでもクリアーしたかったが、余りの酷さにギブアップするしかないと、ここからの下山と決める。

　山道に出ようと左岸の山腹を攀じる。しかしガスでもやって視界が悪かった事もあり、十分攀じない内に下流側へのトラバースに移ってしまい、山道に出るまで山中をウロウロ。それでも飛び出た山道は車が十分通れそうに幅広く、あとはスイスイと下山出来る。

〈下山〉

　時間に余裕があれば、尾根筋の明瞭な道で千秋峰や明神岳まで足を延ばし、檜塚ノ奥峰からの山道を拾って下る。

ポイント

夫婦滝、不動滝などの大滝の高巻きが問題。ガイド書によって巻き方が違うから、どちらからでも高巻けるのだろう。ただし、高巻きは出来るだけ小さく巻く事。そうでないと谷の核心部を見逃してしまう。かといって余り近づき過ぎても危険に陥る。要は自分の技量を過信しない事だ。

注意点

下山する山道の一部は元の木馬（きうま・きんま）道だったのか非常に幅の広い部分もあるが、時々山抜けで不明瞭な所もあるので注意がいる。迷ったら元に戻るの鉄則を忘れずに。

見所

不動滝の落口横の飯場跡からの眺めの素晴らしさには目を見張る。南から東への展望が開けて、赤嵓山から池小屋山にかけての台高主稜、さらには白倉山や迷岳など支稜の山々が一望の元で、高巻いてきた疲労が一気に吹っ飛ぶ。

エピソード

山道を下山している途中、蓮まで下ってしまうと駐車地まで車道を戻るのが疎ましく感じ出した。それで途中で右に道が別れていたので、もしかしたら駐車した林道と繋がっているかもとルートを変更する。ところが入ってわずかで道は終わり、あとは急傾斜の植林帯を下る羽目になり、何度も滑ったり転がったりの悪戦をしいられ、くたくたになって駐車地へは一五分ほどの車道へと転がり出た。どうも、沢屋というのは余程はっきりした道が嫌いな習性を持っているらしい。

参考タイム

［一日目］駐車地——夫婦滝高巻き終了（2時間20分）不動滝高巻き終了（1時間15分）二俣すぐ下流幕営地（1時間40分）

［二日目］幕営地——檜塚ノ奥峰（1時間30分）山道で廃村・蓮（3時間）駐車地（40分）

櫛田川支流蓮川支谷

19 千石谷《せんごくたに》から赤嵓滝谷《あかぐらたきたに》へ

＊ランク　中級者
＊行　程　一泊二日
＊地形図　七日市
　　　　　大豆生

〈概況〉

奥の平谷出合いから千石谷、喜平小屋谷出合いから赤嵓滝谷と名を変えて、台高主稜の明神岳へと突き上げる蓮川の本谷筋には、幾つもの名のある滝があり、名谷として知られてきた。ただ喜平小屋谷出合い付近まで林道が付けられたために、千石谷沿いが幾らか渓谷美を荒らされているのは残念。とは言っても全てを失ったわけではないので、退屈な林道を辿って赤嵓滝谷だけを溯行するよりも奥の平谷出合いから千石谷も含めて溯る方が沢登りを楽しめるだろう。

〈アプローチ〉

ヌタハラ谷の出合いまではヌタハラ谷の項に記載。ヌタハラ谷に架かる橋を左に渡り、傾斜を増した林道が今度は右にカーブして道幅が広がる先で車止めにぶつかる（開いている事もある）。左手下の谷が二つに分岐し、奥の平谷が正面奥へ入っているのが見えるはずだ。付近のスペースに駐車。大阪からは三時間前後。

〈入谷〉

車止めを越えて林道を少し奥へ進み、右にカーブする地点左の谷側にカーブミラーが設置し

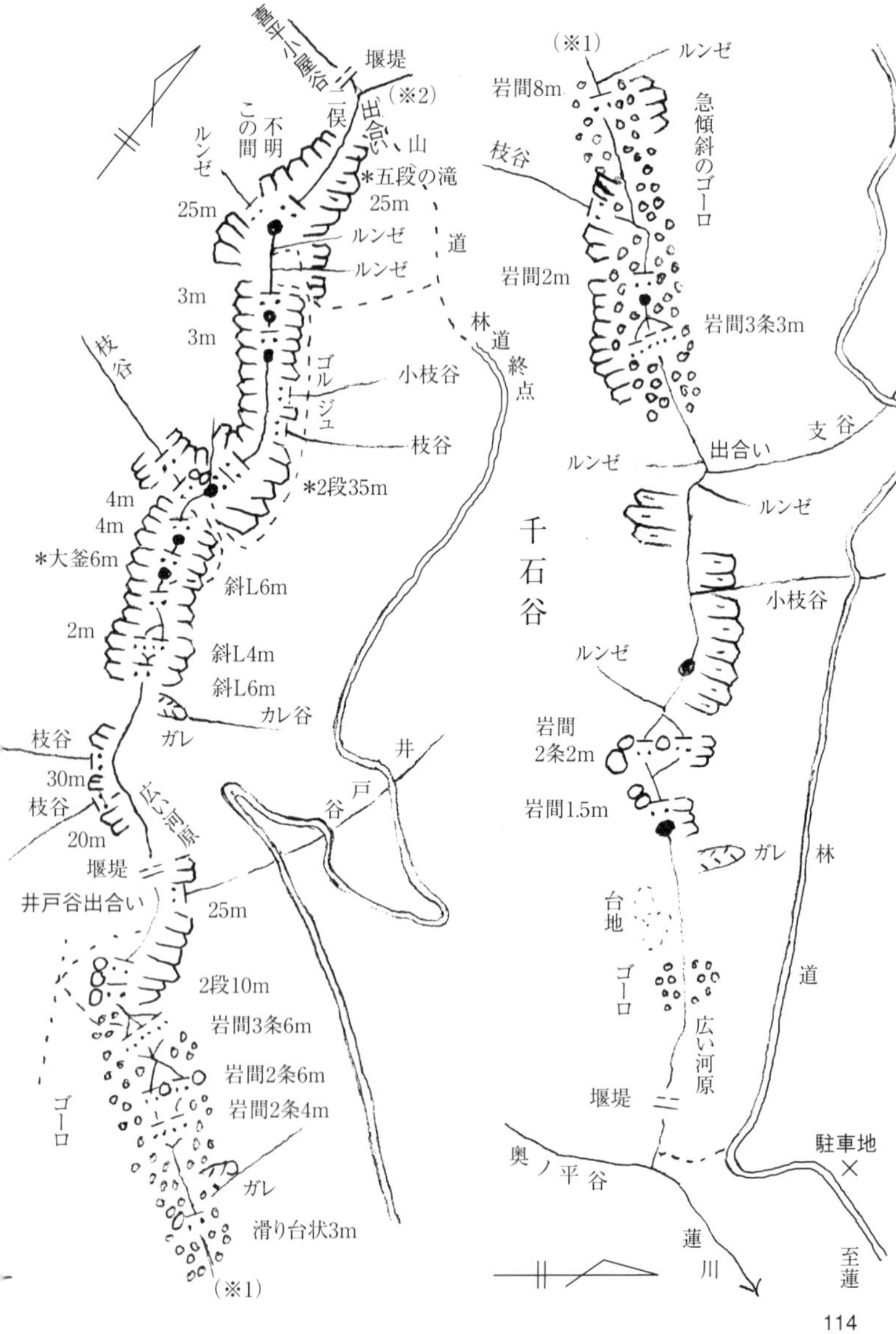

千石谷
嘉平小屋谷
堰堤
二俣
(※2)
出合い
山
不明
この間
ルンゼ
25m
*五段の滝
25m
ルンゼ
ルンゼ
道
3m
3m
林道終点
ゴルジュ
小枝谷
枝谷
枝谷
*2段35m
4m
4m
*大釜6m
斜L6m
2m
斜L4m
斜L6m
カレ谷
ガレ
枝谷
30m
枝谷
20m
広い河原
井戸谷
堰堤
井戸谷出合い
25m
2段10m
岩間3条6m
岩間2条6m
岩間2条4m
ゴーロ
ガレ
滑り台状3m
(※1)
(※1)
ルンゼ
岩間8m
急傾斜のゴーロ
枝谷
岩間2m
岩間3条3m
支谷
出合い
ルンゼ
ルンゼ
小枝谷
ルンゼ
岩間
2条2m
岩間1.5m
ガレ
林道
台地
ゴーロ
広い河原
堰堤
駐車地
奥ノ平谷
蓮川
至蓮

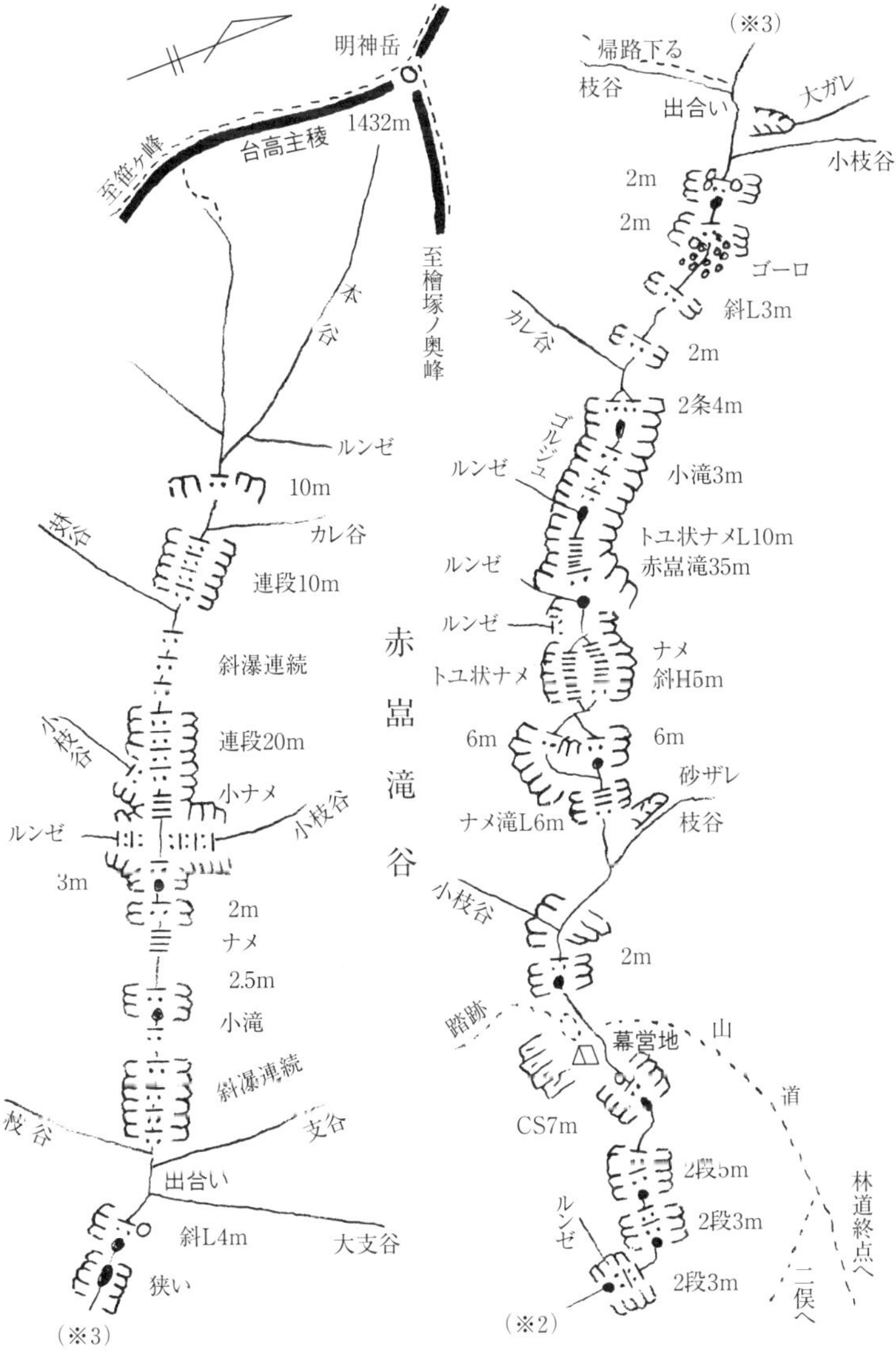
明神岳
1432m
台高主稜
至笹ヶ峰
至檜塚ノ奥峰
本谷
ルンゼ
10m
枝谷
カレ谷
連段10m
斜瀑連続
連段20m
小枝谷
小ナメ
ルンゼ
小枝谷
3m
2m
ナメ
2.5m
小滝
斜瀑連続
枝谷
支谷
出合い
斜L4m
大支谷
狭い
(※3)
赤嵓滝谷
(※3)
帰路下る
枝谷
出合い
大ガレ
小枝谷
2m
2m
ゴーロ
斜L3m
カレ谷
2m
2条4m
ゴルジュ
ルンゼ
小滝3m
トユ状ナメL10m
ルンゼ
赤嵓滝35m
ルンゼ
ナメ
トユ状ナメ
斜H5m
6m
6m
砂ザレ
ナメ滝L6m
枝谷
小枝谷
2m
踏跡
幕営地
山道
CS7m
2段5m
2段3m
ルンゼ
2段3m
(※2)
林道終点へ
二俣へ

てある所から急斜面の踏跡を拾い、奥の平谷との出合い近くの流れへと降りて遡行開始。

〈遡行状況〉

〔一日目〕 最初に顕著な左岸支谷が入るまでは小さな岩間滝が二つ続くだけ。この支谷をやり過ごすとゴーロ帯に入って傾斜が強くなる。ゴーロの中には次々と岩間滝が出てくるが、手を焼くのは右岸から巻かされた八メートルくらいで、あとは適当にこなして行く。次に出てくる樋状にツルツルに磨き抉られた岩の上を滑り台状に水が流れ落ちる三メートルの斜瀑はちょっと面白い。ゴーロ最後の滝は右に折れながら左岸壁に密着して落ちる二段の一〇メートル滝。左岸壁が立っているので右岸を高巻いていたら山道に出た。

すぐ流れに戻ると長かったゴーロが終わり、谷が大きく開ける。前方に見える大きな滝に近づけば、これは左岸支谷の井戸谷に架かる二五メートル滝で、本谷は堰堤。この堰堤を右岸から巻き越えると上流には広い河原がしばらく続く。左岸沿いに続いている林道が高い所へと登って行くのが見られ、ここから先が千石谷の核心部だというのを暗示する。右岸に二〇メートル滝と三〇メートル滝を架ける二本の枝谷を見送って流れが右にカーブするとゴルジュに突入。

入口からの三つの斜瀑を抜けると六メートル滝で前

ゴルジュ内の大釜を持つ６ｍ滝

進がストップ。ここは左岸を巻き上がって次の四メートル滝も一緒に巻いて流れに戻る。そこで流れは二分し、その間に立ち並ぶ二つの巨岩の左側に四メートル滝が落ちるが、岩が邪魔して奥が見えない右の流れが本谷。少し右に曲がる本谷奥には二段の三五メートル滝が豪快に落ち、滝前の広いホールも周りを高い壁に囲まれて陽が差さず、なにか陰惨な雰囲気。ここも左岸から高巻き、二本目の枝谷を渡り終えた所でゴルジュ内に戻る。

　流れを右岸に渡ってから二つの三メートル滝を越えると、壁が切れて一旦ゴルジュは終わるが、そのすぐ先で今度は二五メートル滝が出てくる。これが五段の滝の始まりだが、下からでは奥の滝は見えない。左右とも岩壁が張り巡っているので下流左岸のルンゼまで戻って高巻く。しかし、これがなんとも手ごわで左へのトラバースを許さず、どんどん右へと追いやられ、最後には上部の山道まで登らされる。谷に戻るのも面倒になり、この山道を二俣まで辿る。

2段35m滝

　左俣の喜平小屋谷にはメンバーの誰もがしらない堰堤があり、ちょっとびっくり。右の赤嵓滝谷に入り、三つの二段滝を越えたあとのCS滝七メートルを左

五段の滝・最初の25 m滝

から巻き上がると、右岸に台地状の場所があったので、そこで一夜を過ごした。

［二日目］　幕営地からしばらくの凡流を進むと、急傾斜で真っ直ぐに入る左岸枝谷の出合いで本谷は左に大きくカーブし、わずかに先で奇妙な六《メートル》滝を見る。大きく広がった谷のずいぶん離れた左側にも六《メートル》滝が架かり、枝谷の滝と思ったら、二つの滝の流れが上で一つになった二条滝。上に続くナメ床も面白い形で流れているのでお楽しみに。

そんな地形に奪われていた視線を谷の上流に戻してびっくり仰天。そこには三五《メートル》の大滝が落ちていた。これが谷名いわれの赤嵓滝だ。ここは右岸斜面の踏跡を攀じて高巻く。傾斜が強くて厳しい登りだが、小尾根の鼻を越えて谷に下れば大滝に続くゴルジュの中のナメ床へ降り着く。流れは右に折れて滝を幾つか架けるが、たいしたものなく、最後の二条四《メートル》滝を右から越えるとゴルジュは終わる。

谷幅が一気に広がり自然林の緑に包まれた中での気持ちのよい溯行となり、小滝を幾つかやり過ごすと、付近が広い平坦地になった右岸に笹ケ峰からの広いカレ谷が入る。この谷を帰りに下る結果になったが、上部では流れていたのでカレ谷といっても出合い付近が伏流なだけ。足の早い者なら格好のキャンプ地になる。

このあとは最後に一〇《メートル》滝があるだけで、出てくる小滝や連瀑を次々と楽しくこなす。連段二〇《メートル》滝を右岸から簡単に高巻き、一〇《メートル》滝を右壁に取り付き、落口に向かって斜上して滝身に出てから残りを直登すると、二俣となって源流域を迎える。右の本谷には流れがないので左俣に入り、すぐの二俣は右にルートをとる。登るほどに谷幅が狭まると共に傾斜も強まり、息が上がる。やがて両側の尾根が近くまで迫ってきたので、左の尾根に出て喘登すると、わずかで台高主稜上の立派な縦走路に登り着いた。

〈下山〉

われわれは笹ケ峰の辺りから今は廃道らしい瀬戸越道を求めて急峻な痩せ尾根を下ったために、ずいぶん苦しい目をして赤嵓滝谷の途中に戻り、途中まで谷を下ったあと、出て来た左岸山道を拾って林道終点に登り出て、これで駐車地まで帰った。車が二台用意出来るのなら明神岳から檜塚ノ奥峰に出て、ヌタハラ谷左岸の山道を下山するのが安心。喜平小屋谷を下るのは悪場が幾つかあるので注意を要する。

ポイント

五段の滝の通過。われわれは大きく高巻いたので見れなかったが、ある記録では滝身近くの左岸草付きを登って落口に出て、上部の滝も見たとあるから、腕に覚えのある方はトライするのもよいかも。

注意点

赤嵓滝谷に下った時には、林道に繋がる山道は、出てくる分岐を上へ上へとる事。下り道に入ると、あとでさらなる登りを強いられる。

見所

やはり二段三五メートル、五段の滝、赤嵓滝の三つの大滝。ぜひ写真を撮って沢旅の思い出の一ページを飾ってもらいたい。

エピソード

シャワークライムが楽しめるほどに暖かくないと沢登りの醍醐味は満喫出来ない。しかしその時期になると活動が活発になり、沢屋を泣かせるのがヒルやダニなどの小虫たちで、この谷にはブトが非常に多い。蚊よりも小さいのに刺されると物凄く痒くて膨れ上がり、瞼を刺された時には、まるで「お岩さん」のように目が塞がってしまった事がある。お気を付けを！

参考タイム

［一日目］駐車地——左岸支谷出合い（50分）井戸谷出合い（1時間10分）喜平小屋谷出合い（2時間30分）CS七メートル滝上幕営地（30分）
［二日目］幕営地——一三九四メートル峰からの支谷出合い（1時間10分）台高主稜（1時間20分）支谷と赤嵓谷の出合い（1時間50分）林道終点（40分）駐車地（1時間）

櫛田川支流蓮川支谷

20 奥の平《ひら》谷《たに》

＊ランク　上級者
＊行　程　前夜発一泊二日
＊地形図　七日市・宮川　貯水池・大和　柏木・大豆生

〈概況〉

下流の絵馬小屋谷と並んで蓮川の名渓と謳われる谷。台高主稜の赤嵓山に源を発し、三〇《メートル》のサスケ滝を筆頭に、錚々たる名のある滝を落とす。それだけに沢登りの醍醐味が堪能出来るので一度は入谷してもらいたいが、難しい箇所が多く、十分な経験と注意が必要。

〈アプローチ〉〈入谷〉

千石谷と同じ。

〈遡行状況〉

［一日目］千石谷を右に見送り、奥の平谷へと入る。しばらくは左岸が植林、右岸が自然林の中に河原が続く。やがてポツポツと小滝が出始め、右岸から連段滝で枝谷が出合うと二段六《メートル》滝を迎える。ここは左岸の岩のトンネルを潜って上に抜けたが、これが仙人滝だろうか。

その先わずかで最初のゴルジュが始まる。入口の小滝、淵、二《メートル》滝を越えて六《メートル》滝の前に出る。滝の両側は壁が立ち上がり、特に左岸壁が高くて周りは薄暗い。メンバーの一人が右岸の残置ハーケンを利用し、空身で岩棚へ攀じ登っ

奥の平谷

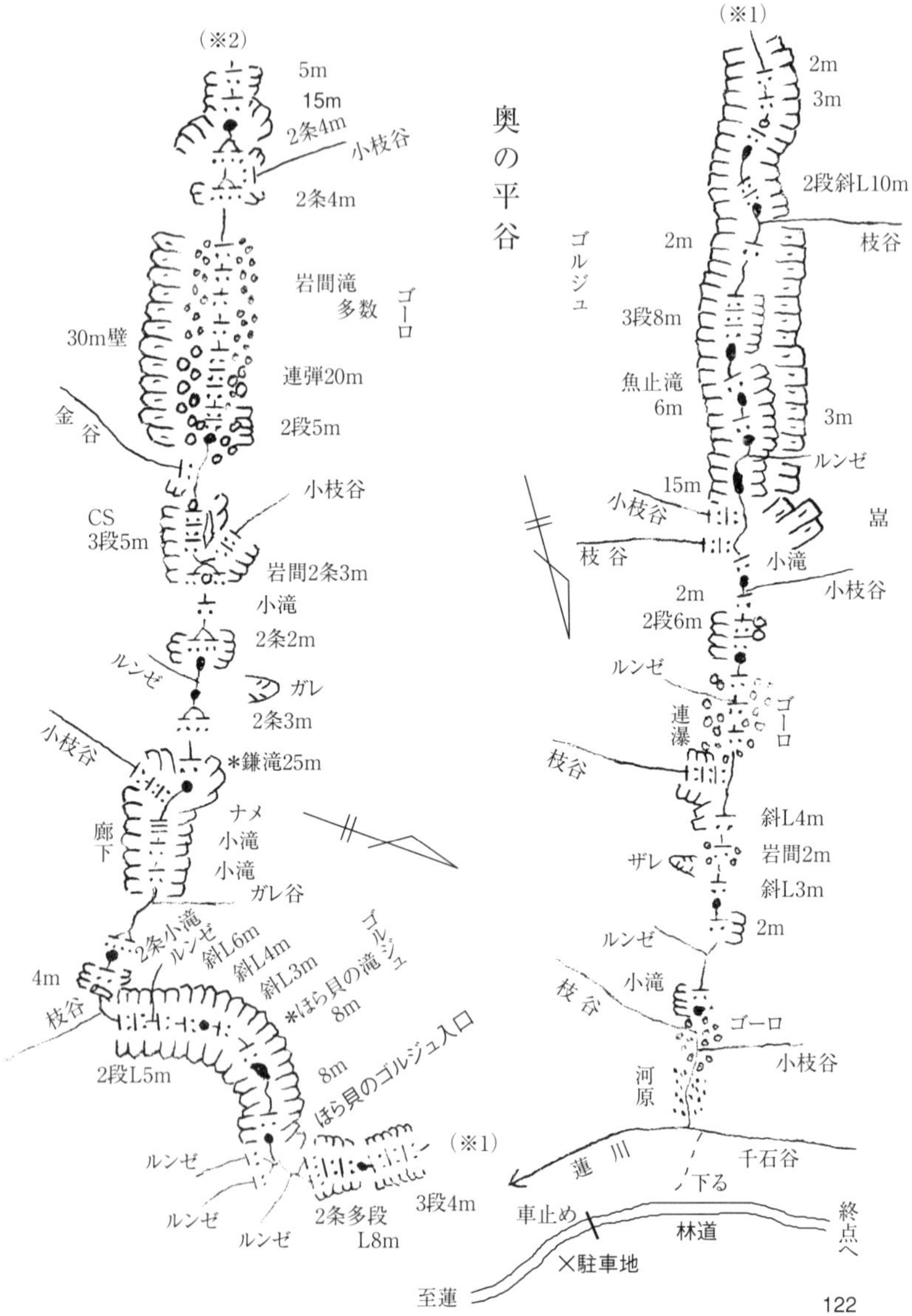
(※1)
2m
3m
2段斜L10m
枝谷
2m
ゴルジュ
3段8m
魚止滝
6m
3m
ルンゼ
15m
小枝谷
嵓
枝谷
小滝
小枝谷
2m
2段6m
ルンゼ
ゴーロ
連瀑
枝谷
斜L4m
岩間2m
ザレ
斜L3m
2m
ルンゼ
小滝
枝谷
ゴーロ
小枝谷
河原
蓮川
千石谷
下る
車止め
林道
終点へ
×駐車地
至蓮
(※2)
5m
15m
2条4m
小枝谷
2条4m
岩間滝
多数
ゴーロ
30m壁
連弾20m
金谷
2段5m
小枝谷
CS
3段5m
岩間2条3m
小滝
2条2m
ルンゼ
ガレ
2条3m
小枝谷
*鎌滝25m
ナメ
小滝
廊下
小滝
ガレ谷
2条小滝
ルンゼ
斜L6m
斜L4m
ゴルジュ
4m
斜L3m
*ほら貝の滝
8m
枝谷
8m
2段L5m
ほら貝のゴルジュ入口
(※1)
ルンゼ
ルンゼ
ルンゼ
2条多段
L8m
3段4m

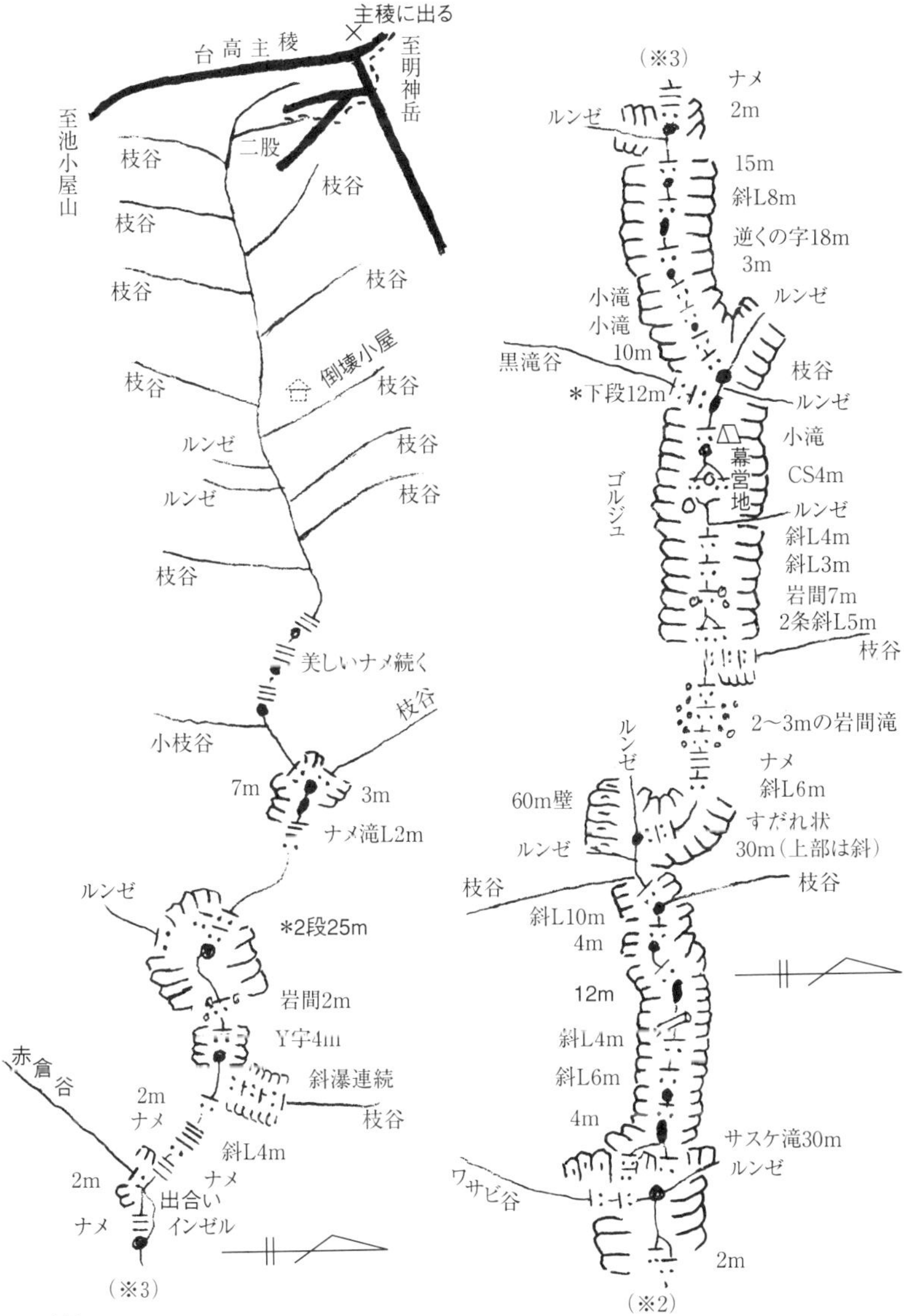
主稜に出る
台高主稜
至明神岳
至池小屋山
二股
枝谷
枝谷
枝谷
枝谷
枝谷
倒壊小屋
枝谷
枝谷
ルンゼ
枝谷
ルンゼ
枝谷
枝谷
美しいナメ続く
小枝谷
枝谷
7m
3m
ナメ滝L2m
ルンゼ
*2段25m
岩間2m
Y字4m
斜瀑連続
枝谷
赤倉谷
2m
ナメ
斜L4m
2m
ナメ
出合い
インゼル
ナメ
(※3)
(※3)
ナメ
2m
ルンゼ
15m
斜L8m
逆くの字18m
3m
ルンゼ
小滝
小滝
10m
黒滝谷
枝谷
*下段12m
ルンゼ
小滝
幕営地
CS4m
ゴルジュ
ルンゼ
斜L4m
斜L3m
岩間7m
2条斜L5m
枝谷
2~3mの岩間滝
ルンゼ
ナメ
斜L6m
60m壁
すだれ状
30m(上部は斜)
ルンゼ
枝谷
枝谷
斜L10m
4m
12m
斜L4m
斜L6m
4m
サスケ滝30m
ルンゼ
ワサビ谷
2m
(※2)

て後続を誘導し、そこから草付きを左上したあと、右へ切り返して滝の落口横の高みに出てからガレ場を下り、落口少し上流に降り着く。次の三段八メートルを難なく越えると、二メートル滝に続いて斜瀑Ｌ一〇メートルが落ちる。これは直登は無理なので左岸を巻き上がり、枝谷に架かる滝の上部を渡ってから本谷へ降りた。このあと、三メートル、二メートルの二つの滝を越えると、壁が切れて明るい日差しの中に飛び出す。しかしそれは束の間で、二条の傾斜の緩い多段滝Ｌ八メートルが出てくる辺りから再びゴルジュとなる。

すぐの直瀑八メートルを左から攀じ越えると左に曲がる淵があり、その淵の両側は抉られてオーバーハングした岩壁に囲まれ、下行く者を威圧する。その中を奥へ進むと、右から八メートルの滝が捻じれながら落ちている。周囲の岩壁の縞模様といい、よい滝の形といい、正に「ほら貝の滝」の名にふさわしい。ここは少しバックして左岸を巻き上がり、滝の落口上部から懸垂で流れに戻る。そのあとは斜瀑三本と最後の二段五メートルでゴルジュを抜ける。

ほら貝の滝

流木の刺さる四メートル滝で右に折れる流れの中の幾つかの小滝を越えて行くと、周囲が大きく広がり、大滝が出現する。滝の両側が抉れた二五メートルの鎌滝で、右岸からも連瀑状の滝で枝谷が合わさる。ここは取り付く島なく、左岸を巻いて

鎌滝25ｍ

上流に出る。

そこからしばらくは平凡。やがてCS滝三段五《メートル》を越えると谷が一気に広がり、ゴーロ帯に入る。傾斜の強い中を幾つもの岩間滝を乗り越え、さらには長い連瀑をも越えて高度が一気に上がる。この連瀑が尽きると一五《メートル》滝が出てくる。ここは巻かずに左から落口への直登を狙う。勿論ザイルを付けてのクライム。中間テラスで一ピッチを切り、二本のザイルを使って登り切る。次の五《メートル》滝を左から越え抜けると谷幅が広がり、左手に架かるナメ滝の上部に長い斜瀑が続く。しかしこれは右岸枝谷で、この枝谷右横の岩山のような岩壁を挟んで、本谷には途中何段か腰を打ちながらも三〇《メートル》のサスケ滝が豪快に落ちる。ここは左岸ルンゼからとあるが、それらしきものは滝と一体となって激しく流れ落ちている。そのルンゼに他のメンバーがルートをとったのに対し、私一人が右岸にルートを求め、フリーだったので少し怖い目をしたものの他のメンバーよりも早く落口へ登り出た。ルンゼ組は水量の多かった事もあってルンゼ通しには登れず、途中から高巻いて落口近くへ降りてきた。

すぐの四《メートル》滝は左から越えるが、次の斜瀑L六《メートル》は直登出来ずに左岸を巻く。しばらくで谷を塞ぐ大きな流木を乗り越えると長細い淵が現

黒滝谷出合い 12 m 滝（左）と本谷 10 m 滝

れ、奥に左手から一二㍍滝が落ちる。これはトップでザイルを出して右岸の草付きから取り付き、落口へ際どく攀じ上がる。次の四㍍滝を左から抜けると、上部が一直線に三㍍落ち、下部は斜瀑のL一〇㍍が出てくる。ここも右岸から落口への直登を狙い、途中で左岸に渡って抜け上がったが、最後の所が悪くて少しザイルの世話になる。この上でまたも谷は広がり、すだれ状の三〇㍍滝を架ける。これは右岸ルンゼから取り付き、途中から滝身へと近づいて最後は斜瀑になった上部を直登する。このあと、幾つかの岩間滝を越えて行くと、右岸に壁が続いてゴルジュ状を呈する。

谷中は巨岩が詰まり、斜L五㍍、岩間七㍍、斜L三㍍、斜L四㍍の滝が続き、次のCS滝四㍍を越える辺りからは左岸の壁も立って薄暗くなる。すぐに左から直角に一二㍍滝が落ち、さらにその先わずかで同じく左から直角に一〇㍍滝が落ちる。最初の滝は枝谷のもので、奥が本谷に架かる滝だが、真っ直ぐに続く広い谷は単なるルンゼ。ここから本谷に入る手前でメンバーの一人が岩棚から転落して怪我をしたので、この時は少し戻った所で幕営した。

〔二日目〕この直角に折れる本谷に入るには一旦、直進するルンゼに入ってから滝の左岸を巻くが、手前の釜が股上ほどの深さなので、左岸の二《メートル》高の岩棚をトラバースしてからルンゼを渡り、滝を左に見ながら斜面を登る。一〇《メートル》滝の上には二つの小滝に続いて逆くの字の一八《メートル》が架かるので、一緒に巻いて次の斜瀑L八《メートル》の途中へ降りる。そこから滝身を直登し、続く一五《メートル》滝も引き続いて滝身の左手を直登する。ここでも落口が悪く、最後はザイルの世話になった。

最後の大滝2段25 m

これでようやくゴルジュは終わり、谷は明るく開ける。小滝のあとに出てくる丸い釜を持つ五《メートル》滝は、難しい右岸からの釜のへつりで越え抜ける。あとはわずかなノメをやり過ごすと、左から赤倉谷が出合う二俣を迎える。
このあとはナメや斜瀑を越えて一五分も溯れば、最後の二段二五《メートル》の大滝前に辿り着く。浅いが大きな釜を持ち、広い谷間に落ちる見栄えのよい滝だ。この滝の高巻きは左岸からで、かなり下流の壁の切れ目から攀じて行く。結構厳しい登りだが、上まで登り着いたら流れに戻る反対側は全く対照的な緩斜面。背丈を越える笹のブッシュを漕がねばならないが、なんともアッサリと落口少し上流へ出た。ここから登り出た台高主稜までは二時間ほどだったが、途中には左岸から巻き越えた七メートル滝だけで、他には滝の全くない穏やかな流れ。綺麗なナメ床や倒壊した小屋を見ながら坦々と溯って行ける。最後に谷を横切る踏跡を拾って支尾根に登り出た。

〈下山〉

われわれは千石山と笹ケ峰のコルから喜平小屋谷を下り、赤嵓滝谷との出合いから林道に登り出て駐車地へと戻ったが、喜平小屋谷には大滝が架かるので注意を要する。池小屋山まで縦走して登山道を下る方法もあるが、この場合には六時間はかかる。

ポイント

ほら貝のゴルジュの巻きは左岸の岩に攀じ登るが、手前から攀じるよりも自然に出来た岩のトンネルを潜って裏側を攀じる方が簡単。岩の上に出ると左岸は垂壁になっているので、シュリンゲにカラビナで上の木に投縄して空身で攀じ上がる。ビレーにする木が細いので慎重に。

注意点

サスケ滝の通過は一般的には左岸ルンゼからとの事。しかし増水時には多量の水が流れているので難しかろう。一方、私のとった右岸壁は最初は傾斜が緩いので楽である。上部は傾斜が強まる上に、角のない岩なのでホールドを探すのに苦労する。落ちたら下まで止まらないから気を付けて。壁が終ったあとは二段四メートルの涸れ滝。ザックを先に投げ上げてから登り越えれば簡単。直接サスケ滝の落口へ出られる。

見所

ほら貝のゴルジュ、鎌滝、サスケ滝、大石滝など、とり上げれば切りがない。ぜひ一度、自分の目でたっぷりと御覧いただきたい。

エピソード

本文にあるメンバーの事故の事。トラバースする岩棚の細いバンドの途中に岩が上から被さった部分がある。そこは四つん這いになって潜り抜けるのだが、なにせ細いバンドなので一人づつしか辿れず順番がくるまで待機していた。そこへ「あっ！」という声と共にメンバーの一人が頭から岩の上に落ちてきたからびっくり。彼が立ったままで進んでいたのはしってはいたが、たいした悪場ではないので気にもしていなかったからなおさらだ。しばらく朦朧としていたが、ほどなく意識もしっかりして一安心。聞けば前歯が一本折れたのと打った足が痛いとの事。なんでも掴んだホールドの岩がスポッと抜けたらしい。これで遡行はジ・エンド。

参考タイム

［一日目］林道駐車地――ホラ貝のゴルジュ入口（2時間）一五メートル滝落口（2時間45分）一二メートル滝落口（2時間）黒滝谷出合い幕営地（1時間20分）

［二日目］幕営地――赤倉谷出合い（40分）二五メートル滝下（20分）左岸倒壊小屋（40分）主稜（1時間20分）喜平小屋谷大滝下（1時間30分）林道終点（30分）駐車地（1時間30分）

櫛田川支流蓮川支谷

21 唐谷川《からたにがわ》から迷岳《まよいだけ》へ

＊ランク　中級者
＊行　程　一泊二日
　　　　　または前夜発日帰り
＊地形図　七日市

〈概況〉

台高主稜の池小屋山から東に派生した支稜上の迷岳に源を発する谷。二段三〇《メートル》と三段五〇《メートル》の二つの大滝を持ち、直登の出来る滝も多いので溯行気分が満喫出来る。時間に余裕を持って谷中での夜を楽しんでもらいたいが、両岸の登山道が利用出来るので軽荷で前夜発日帰りも可能である。

〈アプローチ〉

絵馬小屋谷への入谷ルートの栃谷経由でもよいし、さらに国道を森まで走って蓮川沿いを進んでもよい。いずれの場合もスメール温泉への案内板を見たら、蓮川を渡る橋の方へ折れて真っ直ぐ進めば橋の架かる所で通行止め。この下の流れが唐谷川なので橋の手前の左側の駐車場に車を乗り入れる。大阪からは三時間ほど。

〈入谷〉

すぐに溯行を開始出来るが、流れには変化がないし、左岸沿いに山道もあるので、しばらくはこれを辿る。飯盛山への登山口を右に見送ったあと、適当な所から入谷する。

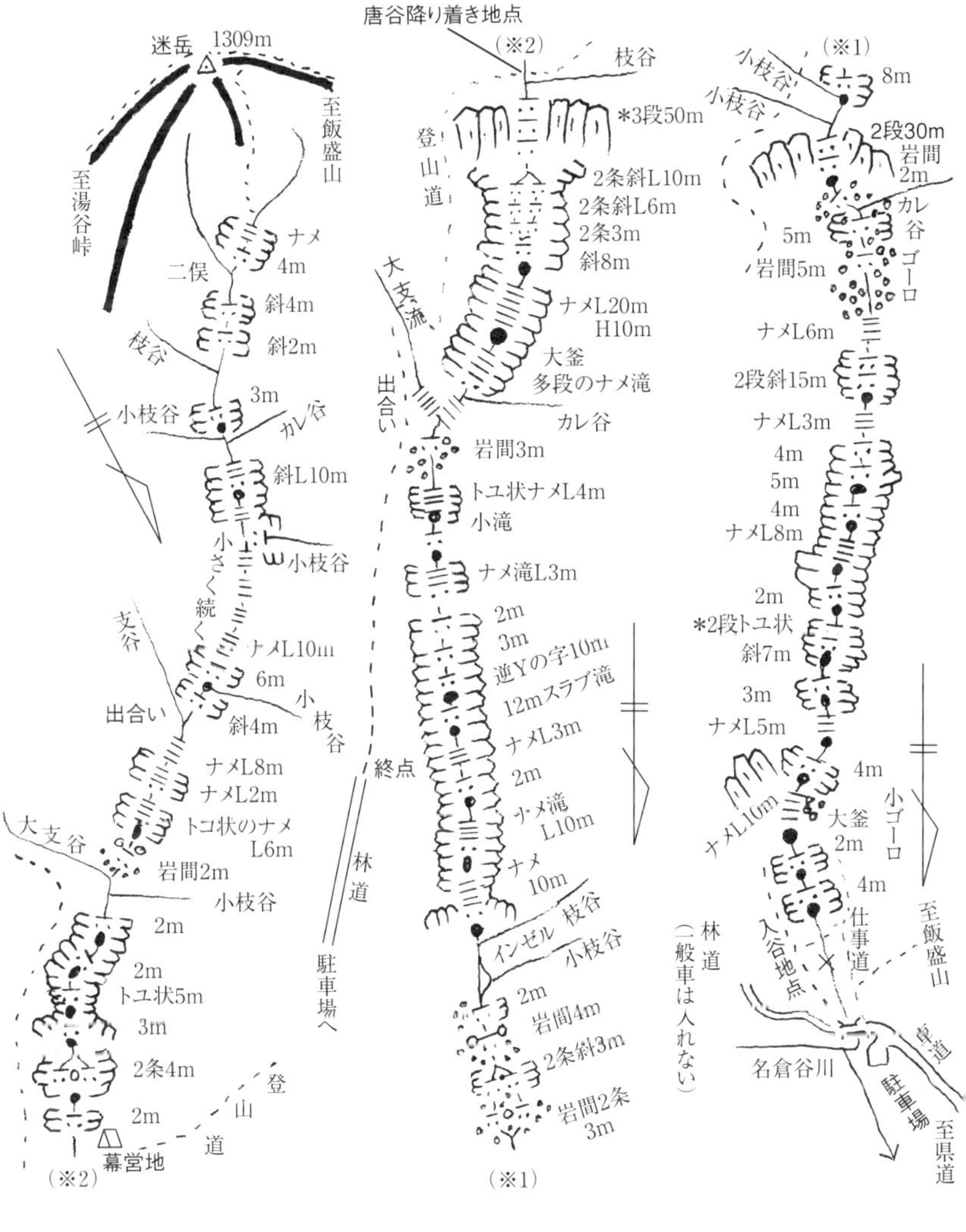
迷岳
1309m
至飯盛山
至湯谷峠
ナメ
4m
二俣
斜4m
斜2m
枝谷
3m
小枝谷
カレ谷
斜L10m
小枝谷
小さく続く
支谷
ナメL10m
6m
小枝谷
出合い
斜4m
ナメL8m
ナメL2m
トコ状のナメ
L6m
大支谷
岩間2m
小枝谷
2m
2m
トユ状5m
3m
2条4m
2m
幕営地
登山道
(※2)
唐谷降り着き地点
(※2)
枝谷
*3段50m
登山道
2条斜L10m
2条斜L6m
2条3m
斜8m
大支流
ナメL20m
H10m
大釜
多段のナメ滝
出合い
カレ谷
岩間3m
トユ状ナメL4m
小滝
ナメ滝L3m
2m
3m
逆Yの字10m
12mスラブ滝
ナメL3m
2m
ナメ滝
L10m
ナメ
10m
終点
林道
駐車場へ
インゼル
枝谷
小枝谷
2m
岩間4m
2条斜3m
岩間2条
3m
(※1)
(※1)
小枝谷
小枝谷
8m
2段30m
岩間
2m
カレ谷
5m
ゴーロ
岩間5m
ナメL6m
2段斜15m
ナメL3m
4m
5m
4m
ナメL8m
2m
*2段トユ状
斜7m
3m
ナメL5m
4m
ナメL10m
大釜
2m
小ゴーロ
4m
林道
(一般車は入れない)
入谷地点
仕事道
至飯盛山
名倉谷川
車道
駐車場
至県道

〈遡行状況〉

〔一日目〕しばらくは変哲のない流れ。しかし最初の滝が出てくると、あとには次々と滝が続き、その応接に暇がなくなる。これらを直進したり右に左にかわしたりと適当にこなすが、左手頭上ではスラブ壁が聳立して下行く者を威圧する。ナメも結構多い。L八《メートル》のナメに続く四《メートル》滝は小振りながらも手ごわく、全く手を出せずに左岸を巻き上がる。ここまで、どの滝の釜も滝に不相応な大きさだ。ゴルジュ状の滝場が終わると谷が開けて最初の大滝二段三〇《メートル》が登場。ここは右岸ルンゼ状のガレを高巻き、上部の登山道まで這い上がる。傾斜が強くて落石も起こしやすく、苦しい登りだった。

　このあと、山道を少し上流へと辿り、出てきた流れへ下る踏跡で大滝に続く八《メートル》滝の落口に出る。ここからほどなく小さなインゼルを過ぎた所に今度は一〇《メートル》滝が架かる。ここも手が出ずに左岸から高巻き、落口から上流のナメを直上する。わずかで奇麗なスラブ壁を落ちる一二《メートル》滝を迎え、左岸の踏跡を巻いて行くと、その上の逆Yの字に落ちる一〇《メートル》滝も一緒に巻いて

豪快に落ちるトユ状斜７ｍ滝

3段50m滝

いた。数個の小滝をやり過ごすと右岸から大きな支流がナメを滑らせて合わさり、この支流を巻いて登山道が出合いすぐ上部に降りてくる。ここからの右の本流には綺麗なナメ床が続いて気持ちよい。途中に出てくる丸いプール状の大きな釜にはちょっとびっくり。

　このナメが終わると三段の大滝五〇《メートル》が眼前に迫る。その滝下までの連続する斜瀑群は問題ない。大滝は落口両側の岩壁が水平の高さで横にワイドに広がり、まるで上には山がなくて天空から降り注ぐ感じ。ここも右岸の大高巻きで登山道へ出るが、滝そばの急傾斜の斜面の登りがきつい。ここからも、やはり登山道を上流へ辿り、大滝落口から少し上流の流れを横切る地点から溯行の再開となる（われわれは、この地点少し上流で幕営）。

〔二日目〕　ここから上流には大きなものでも直登の出来る一〇《メートル》滝ぐらいで、幾つもの五《メートル》前後の滝とナメが混在した流れが続き、地形図に七九四《メートル》コンターの記された地点の大支流と本流よりも流域が大きく思えるのに水線のない支流を共に右岸にやり過ごす。

やがて流れが伏せたり現れたりを繰り返し出すと、いよいよ源流域。右の谷に四メートル滝の架かる分岐で左の谷が本谷と思えたが、他のメンバーが四メートル滝を攀じたために、途中から本谷との間の尾根を辿る事になる。これが傾斜の強い砂ザレの多い登りで、何度もの休憩を交えての喘登となる。しかし、ほどなく右手からの尾根が接近し、飯盛山からの登山道に登り着いてヤレヤレ。左へ登山道を登れば迷岳の頂上へは一投足の地点で、ルートの狂いもほとんどなかったし、幕営地からも二時間半と予定よりも一時間半も早かったから暖かい日差しの中で頂上での憩いを長時間楽しむ事が出来た。

〈下山〉

右岸尾根の登山道を辿り、飯盛山経由で下山するのもよいし、途中から唐谷を横断して右岸沿いに続く登山道も利用出来る。時間があれば帰路にスメール温泉に寄るのもよいだろう。

ポイント

二段三〇メートル滝を巻き終えて谷に戻る時に、あまり早く斜面の下りにかかると大滝の途中に出てしまう可能性があるので、斜面の様子をよく確かめてから下って欲しい。

注意点

われわれは飯盛山からの下りがきついので、唐谷を横切って右岸沿いに下る登山道に下山ルートを取ったが、唐谷に下り切る手前も傾斜の強い所が長く続いて厳しい。それと登山道は林道終点へ繋がっているが、この林道歩きは結構長い。さらに下流に向かって続く山道を見つけられれば駐車場には早く戻れる。

見所

迷岳の頂上は十数年前に登った時とは全くの様変わり。真ん中が丸く刈り込んであるだけの笹の海で、周りは何も見えなかったのに、笹など全く生えておらず、周囲はブナなどの自然木の疎林。眺望の素晴らしい憩いよい場所なので時間の許す限り楽しんでもらいたい。

エピソード

最初の右岸支流出合いに差し掛かったおり、メンバーの一人がつんのめり、前の水溜まりに頭から突っ込んで全身ずぶ濡れになる。暖かい日ではあったが、十一月も末ではさすがに冷たそうで気の毒だった。こんな時のためにも沢登りには出来るだけ水切れのよいものを着るようにして欲しい。

参考タイム

[一日目]　駐車場——入谷地点（10分）二段三〇《メートル》滝上流（1時間30分）右岸大支流出合い（40分）登山道出合いすぐ上流幕営地（1時間）

[二日目]　幕営地——八五〇《メートル》地点右岸支谷出合い（40分）迷岳（2時間）唐谷降り着き地点（50分）林道終点（40分）駐車場（50分）

櫛田川支流蓮川支谷

22 布《ぬの》引《びき》谷《たに》

＊ランク　中級者
＊行　程　前夜発日帰り
＊地形図　七日市

〈概況〉

蓮ダムのすぐ上流で貯水池右岸に最初に蓮川に流れ込む谷で、中流に一〇〇《メートル》級の布引滝が架かる事でしられる。

〈アプローチ〉

栃谷経由と森経由のどちらでもよいが、まずは蓮ダムまで車を走らせる。ここでダムの上を渡る車道に折れ、すぐのトンネルを抜けると、すぐ橋が架かる。この下の流れが布引谷で、橋の手前で左に分かれる車道を少し奥の貯水池の浸食部分が終わる終点まで入って駐車する。

〈入谷〉

車道終点奥の鍵のかかった門扉を横からすり抜け、右岸沿いに谷奥へ続く懸崖に架けられた作業用の通路を堰堤が出てくる所まで辿り、その先から流れに入る。途中、右下の廊下状を呈する谷に深い淵に続いて二〇《メートル》滝を見る。

〈遡行状況〉

何もないままに、わずかで二つ目の堰堤に突き当たり、これを右岸から巻き越える。すぐ流れは左に折れて釜の奥に二段七《メートル》滝を落とす。

22 布引谷

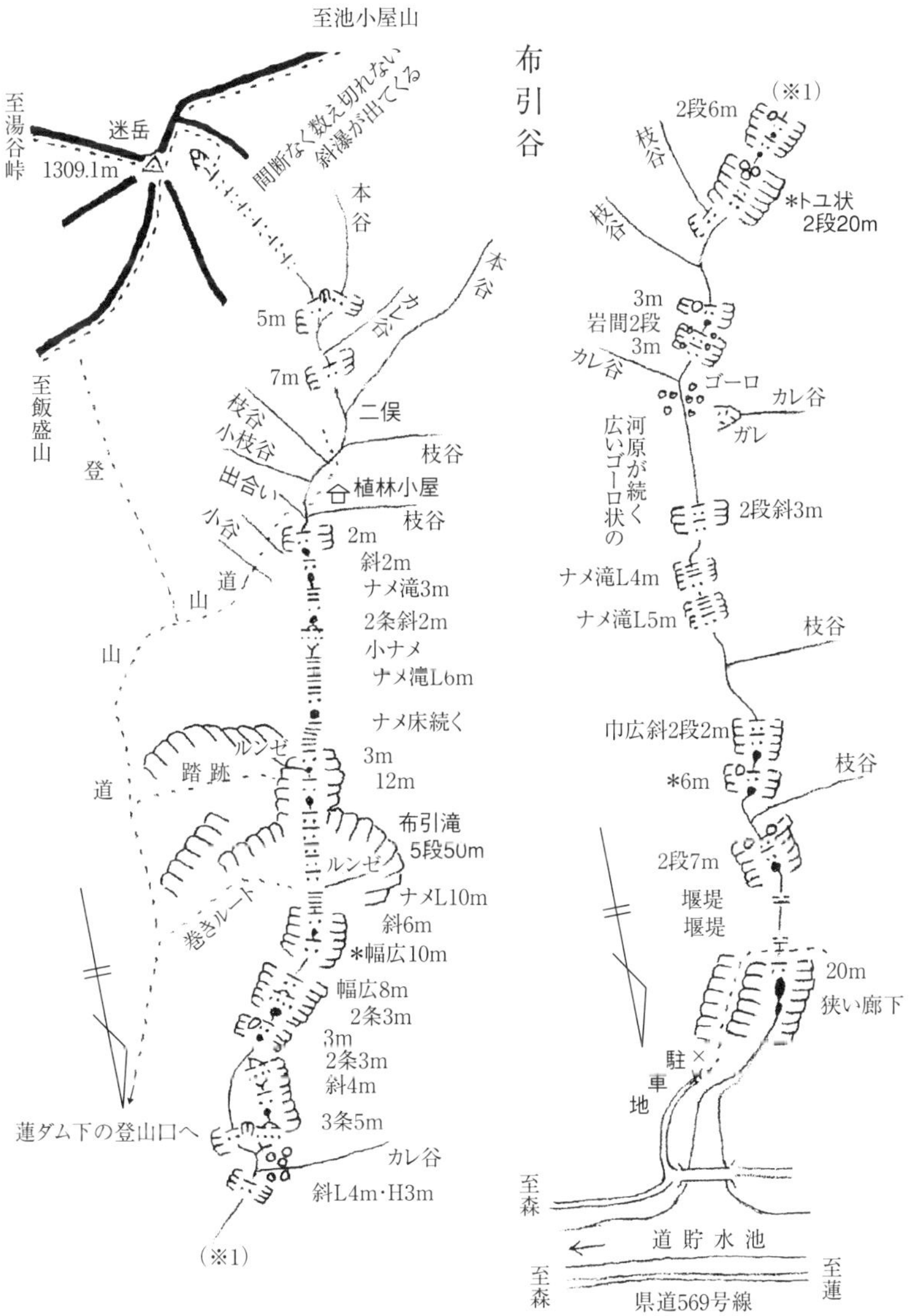

至池小屋山
布引谷
至湯谷峠
迷岳
1309.1m
間断なく数え切れない斜瀑が出てくる
本谷
5m
カレ谷
本谷
7m
二俣
至飯盛山
枝谷
小枝谷
枝谷
出合い
植林小屋
小谷
枝谷
2m
斜2m
道
ナメ滝3m
登
山
2条斜2m
山
小ナメ
ナメ滝L6m
ナメ床続く
ルンゼ
3m
道
踏跡
12m
布引滝
5段50m
ルンゼ
ナメL10m
巻きルート
斜6m
*幅広10m
幅広8m
2条3m
3m
2条3m
斜4m
3条5m
蓮ダム下の登山口へ
カレ谷
斜L4m・H3m
(※1)
(※1)
2段6m
枝谷
*トユ状
2段20m
枝谷
3m
岩間2段
3m
カレ谷
ゴーロ
カレ谷
ガレ
河原が続く
広いゴーロ状の
2段斜3m
ナメ滝L4m
ナメ滝L5m
枝谷
巾広斜2段2m
枝谷
*6m
2段7m
堰堤
堰堤
20m
狭い廊下
駐車地
至森
道貯水池
至森
至蓮
県道569号線

6ｍ滝

ここは右岸壁を少し攀じた所から滝頭に向かって斜傾した岩壁をへつればよいのだが、まだ身体が暖まっていなくて動きが鈍く、途中で諦めて上部へ高巻き逃げて上流へ降りる。

流れはすぐ左岸から枝谷を入れ、その先で右に折れて六《メートル》滝を落とす。ここも直登出来ずに左岸から巻き越える。続く幅広の斜瀑二段二《メートル》を抜けると、しばらくは平凡。ほどなくL五《メートル》とL四《メートル》のナメ床が続き、さらに二段の斜瀑と変化を見せるが、そのあとは小振りな岩に埋まる広い河原が結構長く続く。やがてゴーロに入って傾斜が増し、岩間の二段三《メートル》滝と左側に巨岩が座る三《メートル》滝を共に左から越える。

このあとは、またもしばらく平凡。右岸からの枝谷を二本見送ると、狭い岩壁の間をトユ状の流れになって落ちる二段二〇《メートル》滝を迎える。落口には巨岩が三つ重なって乗っかり、何か不気味な感じの滝だ。ここは全く手が出ずに右岸を高巻き、落口の巨岩の上に降りる。すぐ上の二つとも釜を持つ二段六《メートル》滝は簡単。しばらく凡流の中を進み、斜瀑L四《メートル》・H三《メートル》を越えたところで、近づかないと三つの谷が合流しているかに見える三条五《メートル》滝を迎える。三条とも直登可能で、この時は中央の滝を登り、上に連続する斜瀑四《メートル》、二条三《メートル》滝も直登した。

その上で一本に戻った流れは、左を巻き越えた三《メートル》滝と二条三《メートル》滝を落としたあとで幅広の八《メートル》滝を架けるが、これは楽に越えられる。すると前方に大滝の架かるのが見え出し、いよいよ布引滝が登場だ。前門の幅広い一〇《メートル》滝を右から巻き上がり、最後の部分は直登。その上の斜瀑六《メートル》も直登して布引滝の前に立つ。ところが高さが五〇《メートル》ほどしかなく、一〇〇《メートル》あると聞いていただけに、いささか拍子抜け。まあ、並の大滝といったところだろう。

ここは上部にある登山道で巻こうと右岸の斜面を攀じる。かなりきつい登りだったが、思ったとおりに登山道に出て、これをしばらく辿り登り、途中に見つけた右への踏跡を進んだら布引滝落口わずか上流に出た。すぐ上に一二《メートル》の形のよい滝が架かり、この滝と布引滝下の滝群を含めれば布引滝も一〇〇《メートル》あるといえる。

この滝を右岸の壁の割れ目から枝根を掴んでのモンキークライムを交えて高巻き、

トユ状2段20 m

幅広10m滝

続く三《メートル》滝の落口で谷に戻った。上流はナメ床がしばらく続いたあと、幾つものナメ滝や斜瀑が連続する綺麗な流れとなり、布引滝との好対象を見せる。しかしそのあとは両側が植林帯と変わり、流れも平凡。ほどなく右岸上部の植林小屋を見送ると、そこからわずかの間に流れを二度渡る山道と出合う。二度目の出合いわずかで二俣。右が本谷だが、迷岳のピークに近い左俣に入る。滝というには抵抗を感じる岩盤の段差を幾つも越えて行くと、水量がぐんぐん減って早くも源流の趣。やがて現れた七《メートル》滝を左から越え抜けると、しばらくで次の二俣。ここも右が本谷だが、迷岳へは左の谷。出合いの五《メートル》滝を越えたあとには数え切れないほどの斜瀑が間断なく続く。これらは全て直登出来る。高度が一気に上がり、最後に右の支尾根に逃げて攀じ切ると、迷岳から少し西の登山道に登り出た。

〈**下山**〉

頂上から東の飯盛山方面への登山道に入り、急斜面を一気に下り切って平坦なコルに出る。ここから左に分かれる布引谷登山道を下る。

この道は一旦、大きく下って布引谷の流れへ近づくが、布引滝を巻いた時に辿った部分を通過したあとで次第に離れ出し、遠く離れた蓮ダムすぐ下の蓮川左岸に下っていて、疲れた身体には辛い駐車地までの舗道歩きとなる。

ポイント

布引滝は左岸滝下に入るルンゼからも高巻けるようだが、傾斜が強くて厳しいだろう。やはり安全なのは右岸高巻きと思う。

注意点

下山する布引谷登山道は、尾根を一気に下り切ったT字路では右に折れる事。左に入ると布引谷に戻ったあとで踏跡が定かでなくなる。

見所

高さと、水量の少ない時期だったので五段ほどに腰を折り、豪快さや凄みがなかったのは期待外れだったが、なんといっても布引滝の全貌。広々とした滝下から斜傾したナメ床が下の斜瀑に繋がり、滝の両側には高い岩壁が長く続いて威圧感は十分。

参考タイム

駐車地——トユ状二段二〇メートル滝（1時間30分）布引滝（40分）小屋のある左岸枝谷出合い（1時間10分）本谷を離れる二俣（30分）迷岳頂上（1時間15分）登山口（2時間）駐車地（40分）

〔各谷の項目についての留意点〕

ランク
初心者、中級者、上級者の三ランクに分けたが、登り方次第でランクが変わる事を念頭に。

行　程
のんびりと沢の自然を味わえる時間を加味した。前夜発に（　）を付したものは場合によっては、その必要がないことを示す。

地形図
国土地理院の二万五千分の一図を示した。

概　況
各谷の地理的位置と特色を簡単に紹介した。

アプローチ
大阪を起点とした車での山行を前提にした。所要時間は、その時の交通事情や昼と夜とで違いが出てくることを考慮してほしい。

入　谷
駐車地から溯行開始地点へのルートである。

溯行状況
私が山行後に綴った詳細な記録をガイド風に書き改めたもので、純粋なガイド書としてよりは谷の紹介書として見ていただきたい。

下　山
溯行終了後の下山ルートを記載したが、実際に自分たちが取ったルート以外に、便利な下山ルートを紹介したものもある。

参考タイム
私が実際に溯行した時の所要時間で、昼食や大休憩に要した時間は含んでいない。時には釣りに同行したものも含み、時間がかかり過ぎのものもあるが、全体的な日程に影響はない。

宮川水系

23 宮川支谷
大和谷《やまとだに》から池小屋山《いけごややま》へ

＊ランク　中級者
＊行　程　前夜発
　　　　　一泊二日
＊地形図　宮川貯水池・
　　　　　大和柏木

〈概況〉

宮川貯水池で左岸に流れ込む宮川の最大支谷で、それだけに、この谷自体がよい支谷を何本か有するし、本谷にも巴《ともえ》滝や夫婦滝という見応えのある滝を持つ。ただ出合いから源頭まではずいぶん長く、下流域は平凡で面白味が持続しない欠点があるが、夫婦滝までならピストンで日帰りも可能。


〈アプローチ〉

国道一六六号線と四二二号線とで三重県宮川村へと入り、宮川沿いの車道で宮川ダムを目指す。ダムからは、左岸の車道を直進して大和谷橋を渡って大和谷左岸の林道に移り、三キロ余り先の橋を渡り返してすぐの広い駐車スペースがある終点まで入る。大阪から四時間。


〈入谷〉

駐車地からすぐに入谷してもよいが、途中には特別な滝はなく、深い淵を泳いだりするだけで時間がかかるので、稜線まで谷を詰めるのならロクロ谷の出合いまで谷沿いの仕事道を辿るがよい。ただ、この道は途中の吊り橋が全て落ちている状態なので、その度に渡渉する必要があり、時には腰辺りまで浸かる覚悟もいる。

〈遡行状況〉

〔一日目〕ロクロ谷出合い手前の護岸堤の上を取水堰堤まで辿る。鉄梯子を登って堰堤の上に架かる橋で右岸に移り、上の小さな貯水池を廻り込んだ所から入谷する。

谷中には時々滝が出てくるものの大きくても三メートル程度で、この凡流が長く続いて退屈な沢歩き。やがて谷中がゴーロになると大きな支谷の脇谷が左岸から入るが、このあとも出てくる滝は小物ばかり。流れそばには廃道化した道が右に左にと流れを渡り返しながら続く。左岸小枝谷の一〇メートル滝を見ると、今度は右岸に二〇メートル滝が落ちる。さらさらと布を引くように流れ落ちる姿は布引滝と名付けたくなるほどだから、この滝の架かる支谷は布引谷だろう。

この先から谷の様相が一転するから谷とは分からない。まずは大釜を従えて、くの字滝H四メートル・L六メートルが水量豊かに落ちる。これを釜の手前から右岸の岩壁をへつり抜けると、周囲を三〇メートル高の岩壁に囲まれたホールの奥に二〇メートルの巴滝が豪快に落下する。ここは左岸のバンドから滝横の岩の割れ目を伝い上がり、上から垂らされたフィ

巴滝20 m

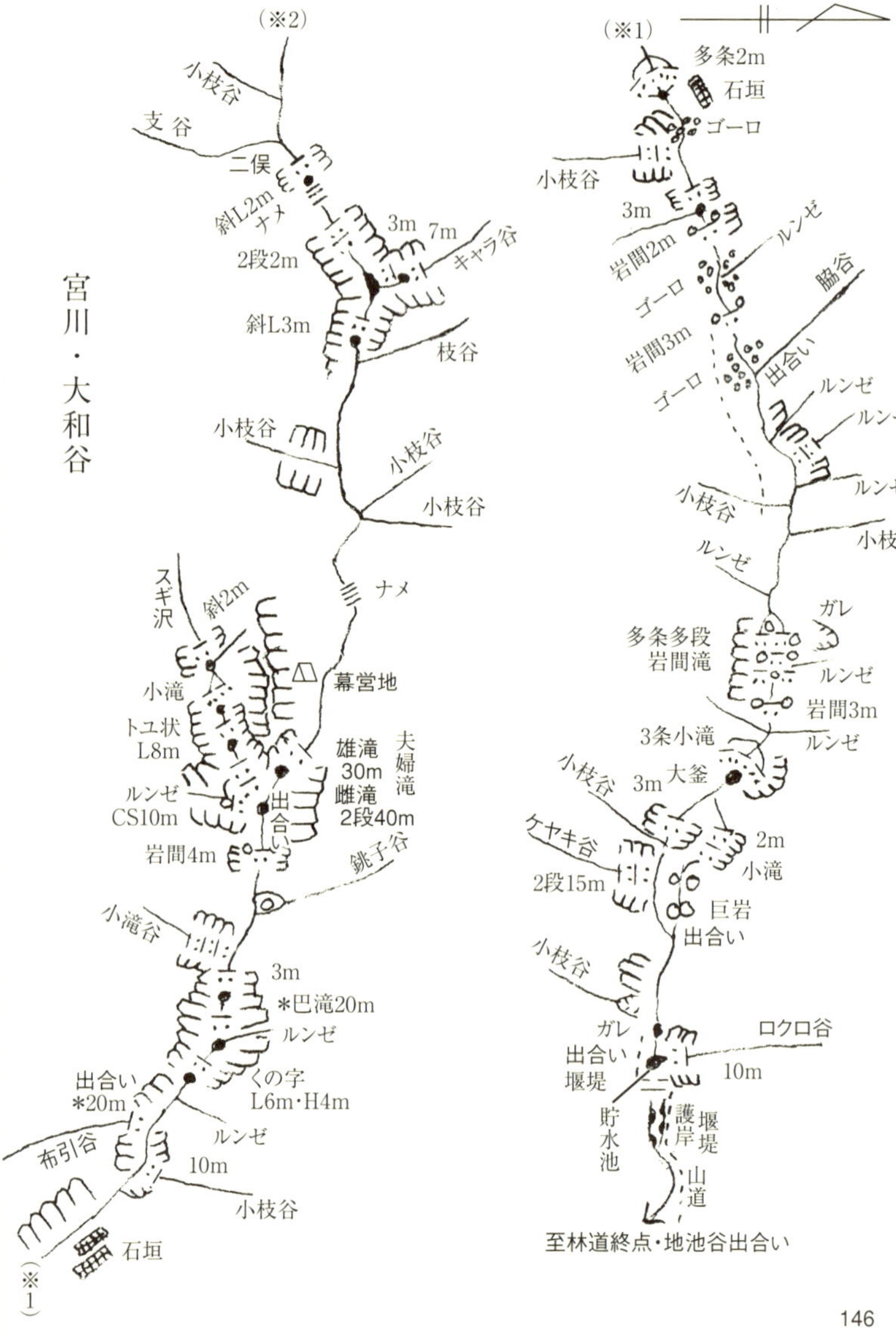
宮川・大和谷
(※2)
小枝谷
支谷
二俣
斜L2m
ナメ
3m
7m
キャラ谷
2段2m
斜L3m
枝谷
小枝谷
小枝谷
小枝谷
ナメ
スギ沢
斜2m
幕営地
小滝
トユ状
L8m
雄滝
30m
雌滝
2段40m
夫婦滝
ルンゼ
CS10m
出合い
岩間4m
銚子谷
小滝谷
3m
*巴滝20m
ルンゼ
くの字
L6m・H4m
出合い
*20m
布引谷
ルンゼ
10m
小枝谷
石垣
(※1)
(※1)
多条2m
石垣
ゴーロ
小枝谷
3m
ルンゼ
岩間2m
ゴーロ
脇谷
岩間3m
出合い
ゴーロ
ルンゼ
ルンゼ
ルンゼ
小枝谷
小枝谷
ルンゼ
ガレ
多条多段
岩間滝
ルンゼ
岩間3m
3条小滝
ルンゼ
小枝谷
3m
大釜
ケヤキ谷
2m
小滝
2段15m
巨岩
出合い
小枝谷
ガレ
ロクロ谷
出合い
10m
堰堤
貯水池
護岸
堰堤
山道
至林道終点・地池谷出合い

布引谷出合い20 m滝

15 m滝

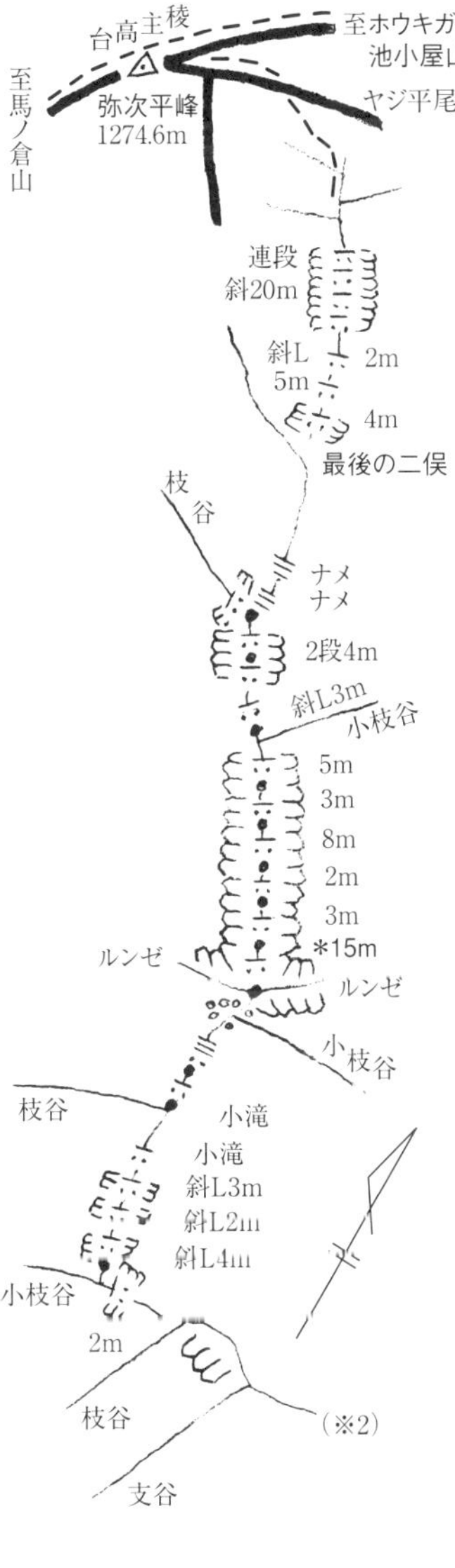

ックスロープで楽に落口へ抜け上がれた。次の三《メートル》滝を越えると流れは再び穏やかになる。ほどなくして四《メートル》の岩間滝を越えたところで谷が大きく広がり、目の前に大滝が出現する。二段になって堂々と落ちる四〇《メートル》滝で、その左手にもCS滝一〇《メートル》が親子連れのように落ちている。さらに谷は右側に大きく抉れ、その奥に三〇《メートル》滝も落下する。ここがスギ沢との出合いの二俣で、右が本谷の雄滝、左がスギ沢の雌滝の夫婦滝である。

　ここで地図も確かめずに同行者の言に従ったので、うっかりスギ沢へと雌滝を高巻いてしまい、あとで気付いて本谷との間の尾根越えで本谷に戻るという苦しい思いをしてしまった。

　降り着いた所は雄滝の幾らか上流の穏やかな流れ。雄滝との間には滝は全くない。この近くに手頃な場所を見つけて幕営地とした。

〔二日目〕　この上流しばらくは何もない平流。左岸枝谷が出合うと、谷が細まって廊下に入る。斜瀑L三《メートル》のあとにキャラ谷が七《メートル》滝で合わさり、深い淵を通過するのに右岸岩壁を際どくへつり抜ける。しかし、あとには二《メートル》滝があるだけで廊下は終わり、またも退屈な平流溯行が続く。一箇所出てくる滝場も小滝ばかり。

　ここまで右岸からしか出合わなかった枝谷が久し振りに左岸に出てくると、ようやく一五《メートル》滝を迎えてゴルジュが始まる。左岸のルンゼに取り付いて巻き上がるが、流れが見える所まで登ると上には滝が連続していて降りられず、三《メートル》、二《メートル》、八《メートル》、三《メートル》、五《メートル》と続くゴルジュの中の全ての滝を巻かされてから流れに戻る。このあと、斜瀑L三《メートル》、二段四《メートル》滝、連続する小ナメをこなして二俣に出る。ここはすでに本谷の川上谷の領域で、左の本谷を捨てて右の谷に入る。水量が急激に減った中に架かる四メートル滝や二〇メートルほど連続する斜瀑帯を越えて行くと、いつか水も切れて急傾斜の土の斜面の登りとなり、藪漕ぎも全くせずに弥次平峰から南東に派生したヤジ平尾へ登り着く。

〈下山〉

弥次平峰に登り出たあと、池小屋山までよく踏まれた台高主稜を辿る。池小屋山からは東へと支稜を一三三二メートルピークまで進み、ここから滝ノ谷の下山ルートで駐車地へ戻る。

池小屋山から東すぐの焼山の尾にも山道がある。この時の山行では、これを下ったが、途中で道を見失って酷い目にあった。

ポイント

雄滝の高巻きは右岸からだと大高巻きになるので、少しバックして左岸の壁に沿って右上し、小尾根を越えてから谷に戻る方がよい。

注意点

われわれは雨の中を溯行したのに寒かったためか一匹だけだったが、谷筋にはヒルが多い。特に泥付き斜面では気を付ける必要がある。昔に比べ、最近ずいぶん増えたように思う。

見所

やはり夫婦滝か。滝下でノンビリと眺め入れば人生への新たな鋭気が沸き起こるかも。大きい方が雌滝とは蚤の夫婦のようで面白い。

エピソード

大阪への帰路の事である。同じ道路を引き返していたらカラスキ谷の出合い付近が道路拡幅の発破作業で翌日の夜中まで通行止め。そういえば入ってくる時、そんな看板を見かけたが、夜中の事とて確認もせずにやり過ごした。ここで通れるまで待つわけにも行かず、困った事になったとしばし悩むが、バックして千尋峠を越えれば海山町に出られる林道がある事を思い出してヤレヤレ。それでもずいぶんな遠回りで、帰宅が夜中近くになってしまった。山中の道に入ったら掲示板には十分注意しましょう。

参考タイム

［一日目］（釣りの時間を含み、幾分時間が長い）林道終点――地池谷出合い（1時間40分）ロクロ谷出合い（30分）ケヤキ谷出合い（40分）脇谷出合い（1時間）布引谷出合い（1時間15分）スギ沢出合い（1時間）雄滝上流幕営地（1時間20分）直進なら三十分

［二日目］幕営地――二俣（50分）一五メートル滝下（45分）最後の二俣（45分）弥次平峰（1時間）ホウキガ峰（1時間30分）池小屋山（40分）林道終点（3時間）

宮川支谷大和谷支谷

24 滝《たき》ノ谷《たに》

＊ランク　中級者
＊行程　一泊二日
＊地形図　宮川貯水池

〈概況〉

台高主稜の池小屋山から東に派生した尾根の一三三二メートルピークに源を発し、南に下って大和谷林道の終点近くで大和谷左岸に流れ込む谷。出合いほどなくの所に大滝が三つ連続して架かる事から通称「三滝」とも呼ばれ、一見の価値ある滝である。この他にも一〇メートル滝二つと二〇メートル滝を持つゴルジュなどもあり、最後まで溯行気分を満喫させてくれるだろう。

〈アプローチ〉

大和谷と同じ。

貯水池に架かる吊り橋

大和谷支谷滝ノ谷

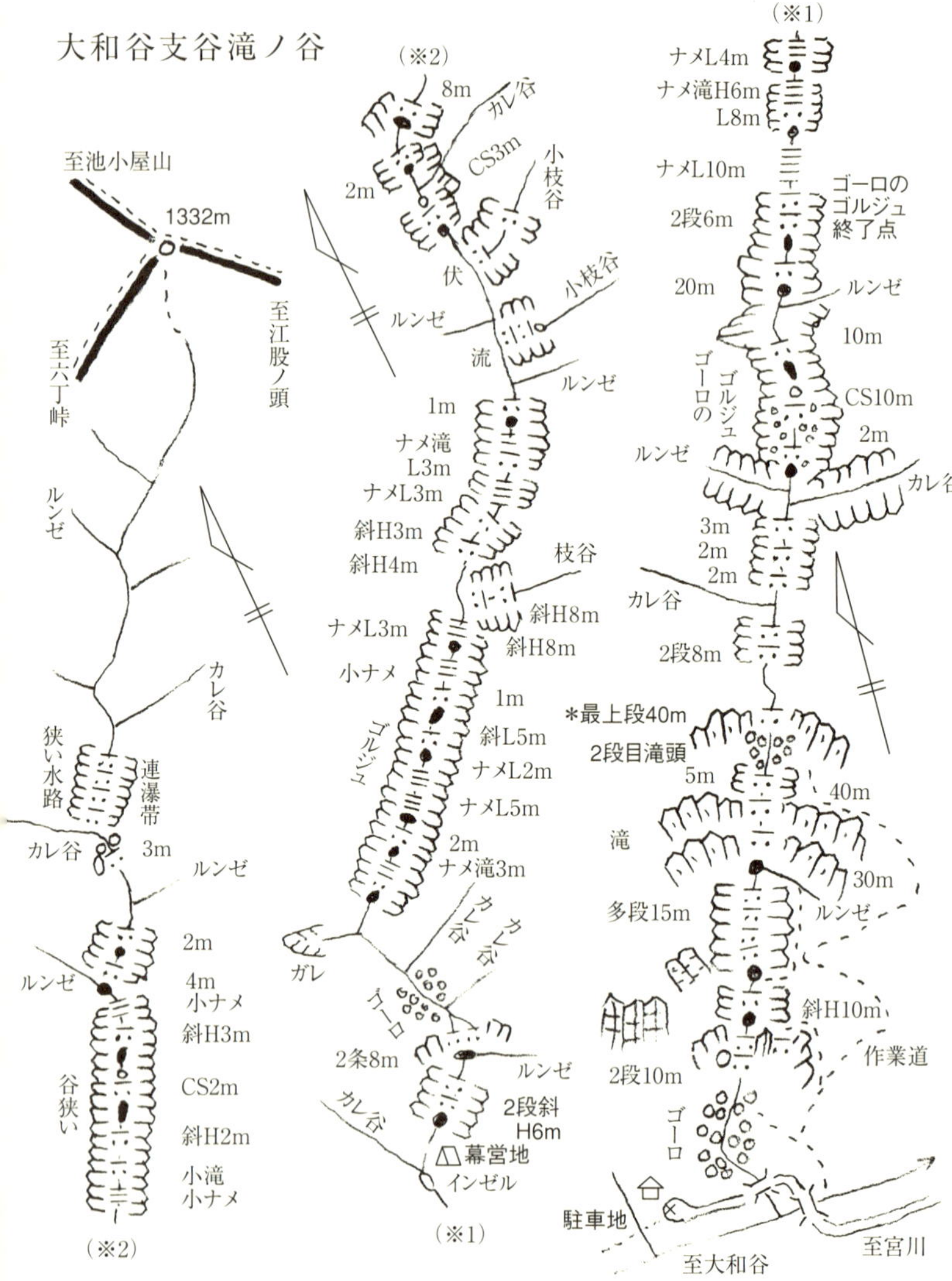
至池小屋山
1332m
至江股ノ頭
至六丁峠
ルンゼ
カレ谷
狭い水路
連瀑帯
カレ谷
3m
ルンゼ
2m
ルンゼ
4m
小ナメ
斜H3m
CS2m
斜H2m
小滝
小ナメ
谷狭い
(※2)
(※2)
8m
カレ谷
CS3m
2m
小枝谷
伏
小枝谷
ルンゼ
流
ルンゼ
1m
ナメ滝
L3m
ナメL3m
斜H3m
斜H4m
枝谷
斜H8m
斜H8m
ナメL3m
小ナメ
1m
ゴルジュ
斜L5m
ナメL2m
ナメL5m
2m
ナメ滝3m
カレ谷
カレ谷
ガレ
ゴーロ
2条8m
ルンゼ
2段斜
H6m
カレ谷
幕営地
インゼル
(※1)
(※1)
ナメL4m
ナメ滝H6m
L8m
ナメL10m
ゴーロのゴルジュ終了点
2段6m
20m
ルンゼ
10m
ゴーロのゴルジュ
CS10m
2m
ルンゼ
カレ谷
3m
2m
2m
カレ谷
2段8m
*最上段40m
2段目滝頭
5m
40m
滝
30m
多段15m
ルンゼ
斜H10m
作業道
2段10m
ゴーロ
駐車地
至大和谷
至宮川

〈入谷〉

滝ノ谷に架かる橋の手前から左岸沿いの三滝遊歩道に入る。この道はわずかで右の植林の中を登り始めるので、踏跡伝いに谷へ降りる。

〈溯行状況〉

［一日目］しばらくは巨岩に埋るゴーロ帯の谷を急登する。最初の二段一〇メートル滝は右から植林帯に沿って巻き上がり、次の斜瀑一〇メートルの前に出る。この滝は簡単で、あっさり直登。この辺り、上流で取水しているので水量はわずか。続いて多段の一五メートル滝を迎えるが、左岸のほどよい傾斜の草付きリッジが難なく滝頭へ導いてくれる。

谷に戻ると、三滝最初の三〇メートル滝がお待ちかね。屏風のように広がる岩壁が行く手を遮り、ここは左岸のルンゼから高巻きに入る。ところが、壁の切れ目がなくて上へ上へと追い上げられ、ようやく出てきた切れ目から左へトラバースしたものの、滝身の途中に出てしまったのでさらなる高巻きを強いられ、登り出たのは下から登ってくる作業道。

これを辿って上部へ向かうと、やがて作業道は水平となって流れに近づき、取水堰堤のすぐ

水がほとんど流れていない
三滝の中段滝

三滝最上段の40ｍ滝

上へと導かれた。堰堤の横が滝の落口だが、これが二つ目の大滝の頭。ここで終わる作業道を捨ててゴーロになった谷を急登すると、わずかで三つ目の大滝の前に出る。四〇《メートル》のすっきりした形のよい滝だ。ここも右岸ルンゼからの高巻き。しかしここにも嫌らしい箇所があり、極力使いたくなかったザイルの世話になる。

高巻き終えて戻った流れには二段八《メートル》滝が架かる。ここは滝の右手を登り、途中から流れの中を直登する。続く三つの小滝を直登で切り抜け、巨岩の詰まった狭いゴルジュを迎える。入口のCS滝二《メートル》が攀じ上がれず、左岸のリッジを攀じて巻く。ゴルジュの中にはさらにCS滝一〇《メートル》と一〇《メートル》滝が連続するので、一緒に巻いてから流れに戻る。すると今度は二〇《メートル》滝が登場。ここもやはり高巻きで、そのルートを右岸にとる。途中まで登ったところから滝身を渡る事にするが、流れに出る所が悪く、再びザイルの世話になる。かなりの登攀技術を要求される場所で、ハーケンを打ったり、空身での登りのあとの荷揚げなどでずいぶん苦労する。下がスッパリと切れ落ちているだけに恐怖心を煽られ、ハーケンの回収もずぶ濡れになったりと散々な目にあい、ようやくにして滝頭に登り出た。

上に続く二段六メートル滝も幾分悪く、右手のチムニーを攀じ抜けた。これで悪場は終わり、上流しばらくのナメ床やナメ滝を越えたあとの平坦地を、この日の幕営地としたが、日暮までに一時間も残っていない厳しい溯行の初日だった。

［二日目］　翌日は出発しての斜瀑六メートルを右から、二条八メートル滝は左から越え、短いゴーロを過ぎてゴルジュに入る。しかし、これというものもなく簡単に通過。左岸から斜瀑を二本連続させる大枝谷が出合ったあとも、悪場のないままに谷は伏流になって大きく広がる。やがて流れが戻ると滝がポツポツ出てくるが、たいした事はない。滝の連続する滝場や狭い水路の中の連瀑帯もほとんどが直登出来る。谷が再び大きく広がると、両側の尾根が近づき、ほどなく水切れ。出てくる支谷を捨てて忠実に本谷を詰め、最後に山腹を攀じて池小屋山から東に派生する尾根の一三三二メートルピークへドンピシャで登り着いた。

〈下山〉

このピークから南へ延びる支尾根を下る。テープが所々に巻きつけてあって目印になる。少し歩き辛い所もあるが、たいした事はない。忠実に主尾根を辿って右下に見えてくる木材運搬用のモノレールを目指し、急傾斜の痩せた岩尾根を下る。モノレールに出たら、これを伝って尾根の鼻の作業小屋へ出る。ここからは六丁峠へ向かって最後の急な下り。六丁峠からは、わずかな下りで大和谷左岸の道に出て、これを左にとれば駐車場までは一投足である。

ポイント

最初の三〇メートル大滝の高巻き。谷の地形は崩壊などで変わってしまう事があるが、われわれは古いガイドに記された左岸壁の切れ目を見落とした可能性もあり、出来れば小さく高巻いて滝の落口に出る方が谷を一層楽しめる。

見所

当然、三滝の豪快に落ちる様であろう。われわれは取水堰堤用の作業道に騙されて二つ目の大滝を見れなかったが、上手くルートを選んで三つの滝の姿を堪能して欲しい。

エピソード

六丁峠から下っている途中、ガレ場を横切る所で道を見失い、そのままガレ場を下ってしまった。ところが膝を痛めていたのでブレーキがきかず、アッと思った瞬間にガレに足を捉れて滑落してしまった。すぐに止まるだろうと思っていたが、逆にスピードを増して滑り続ける。下は勿論、上からも大きな石が一緒に落ちて行く。なんとかしなければと思って目に入った木の根を掴むが、何の役にも立たない。このまま流され続けるのかと思い出した矢先、少し傾斜が弱まったお陰でどうにかストップ。しかし見れば、すぐ下はストンと切れ落ちた崖である。そのまま流されていたら御仕舞いだったかと思うとゾッとすると同時に、よく助かったものだと安堵する。気が付けば両手は血だらけだし、腰も痛んで酷い打撲傷をおっていた。どうか常に最後まで気を抜かず、怪我や事故のない楽しい山行をして頂きたい。

参考タイム

［一日目］駐車地——三滝二段目滝頭（1時間20分）ゴーロのゴルジュ終了点（2時間40分）二段斜瀑六メートル下幕営地（50分）

［二日目］幕営地——一三三二メートルピーク（2時間）尾根道で駐車地（2時間30分）

宮川支谷

25 美《み》濃《の》ヶ《が》谷《たに》

＊ランク　中級者
＊行　程　前夜発
　一泊二日
＊地形図　大杉渓谷
　宮川貯水池

〈概況〉

林道の宮川貯水池左岸に移った地点と終点との中間辺りで鯎谷《うぐいだに》ノ高を源頭として貯水池に流れ込む宮川支谷。この谷には出合いほどなくに架かる「六十尋滝《ろくじゅひろ》」を入口とする凄いゴルジュがある他、中流域にも三五㍍《メートル》の大滝もあり、楽しい溯行を約束してくれている。

〈アプローチ〉

直進する大和谷への道を見送って大杉谷橋を渡り、乗船場のある大杉集落を抜けて宮川貯水池の右岸沿いを進む。やがて直進する道と貯水池を渡る道に分かれるので、新大杉橋を渡ってから左折する。そこから美濃ヶ谷の出合いまでは約一〇分。出合いには休憩場と公衆便所があるので、すぐわかる。大阪から四時間。

〈入谷〉

出合いからすぐ溯行を始めてもよいし、六十尋滝下まで探勝路を辿っても変わりはない。

〈溯行状況〉

〔一日目〕出合いから五分ほどで流れは左に折れて六十尋滝を落とす。上部にも滝が続いて

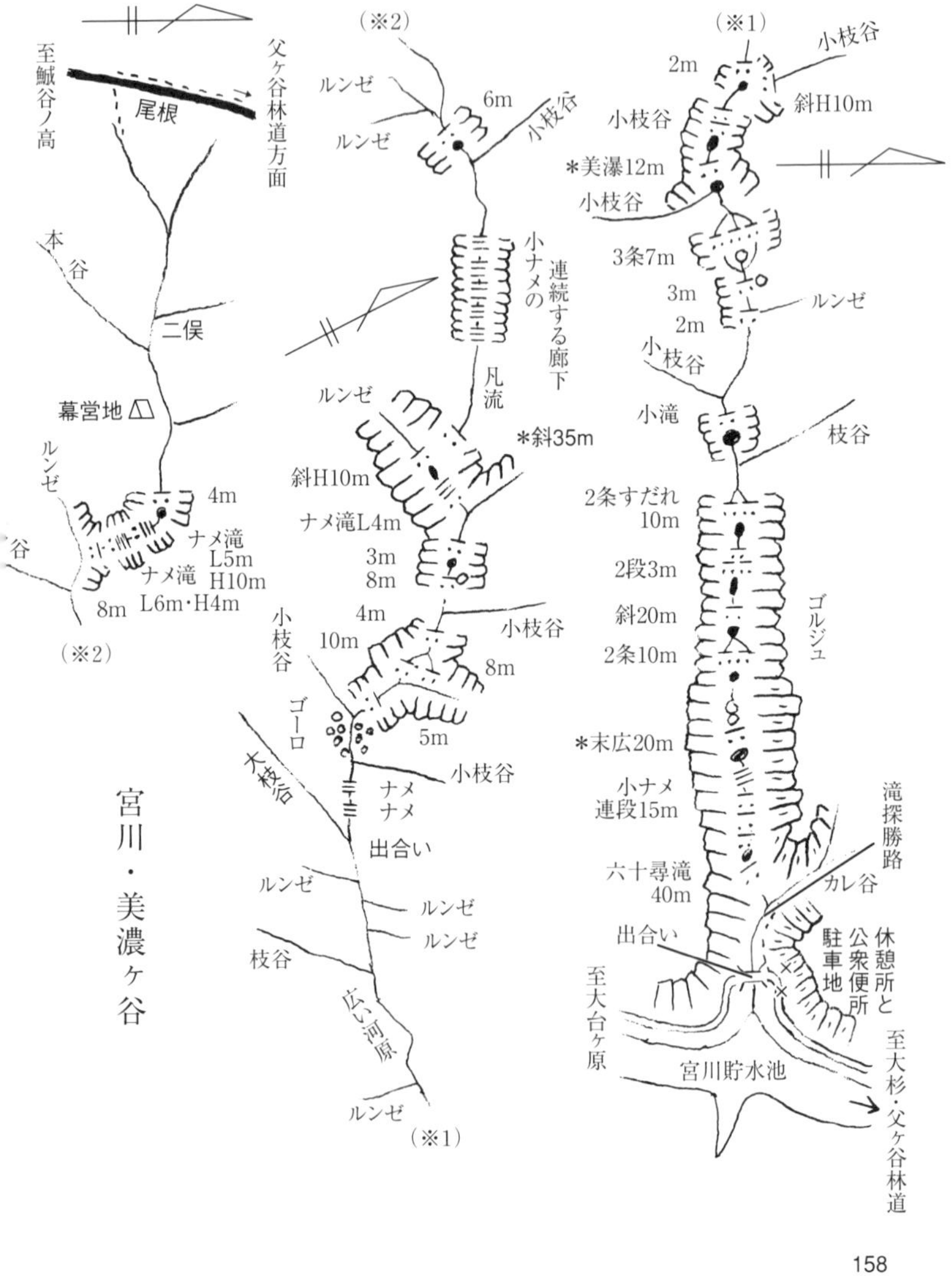
宮川・美濃ヶ谷
至鯎谷ノ高
父ヶ谷林道方面
尾根
本谷
二俣
幕営地
ルンゼ
谷
4m
ナメ滝
L5m
H10m
ナメ滝
L6m・H4m
8m
(※2)
(※2)
ルンゼ
6m
ルンゼ
小枝谷
小ナメの連続する廊下
凡流
ルンゼ
*斜35m
斜H10m
ナメ滝L4m
3m
8m
4m
10m
小枝谷
小枝谷
8m
ゴーロ
5m
大枝谷
小枝谷
ナメ
ナメ
出合い
ルンゼ
ルンゼ
ルンゼ
枝谷
広い河原
ルンゼ
(※1)
(※1)
小枝谷
2m
斜H10m
小枝谷
*美瀑12m
小枝谷
3条7m
3m
ルンゼ
2m
小枝谷
小滝
枝谷
2条すだれ
10m
2段3m
斜20m
2条10m
ゴルジュ
*末広20m
小ナメ
連段15m
滝探勝路
カレ谷
六十尋滝
40m
出合い
休憩所と公衆便所
駐車地
至大台ヶ原
宮川貯水池
至大杉・父ヶ谷林道

いるらしいが、記録の六〇《メートル》はオーバーで、精々四〇《メートル》ほどだ。しかし、落ちる迫力は満点で、一見の価値はある。探勝路はここまで。

右岸側は高い垂直の岩壁が下流へと張っているので、左岸に入る角張った岩が堆積した広い幅のカレ谷から高巻く。これがハードな大高巻きとなり、六十尋滝の上に続く連段一五《メートル》滝の落口に出るのに一時間を要した。この一五《メートル》滝は両岸を岩壁に挟まれた狭い水路に架かり、谷幅一杯の釜から直接大滝に繋がり、大滝の落口へ立つのは不可能に近い。

末広 20 m滝

上流はゴルジュで、まずは落口に大岩が二段に乗っかり、末広がりに大釜に落下する二〇《メートル》滝。ここは再び左岸を攀じ直して高巻く。一旦滝下に降りた次の二条一〇《メートル》滝を、またも左岸から巻いて、続く斜瀑二〇《メートル》も一緒に巻き上がる。滝はなおも続き、細長い釜を持つ二段三《メートル》を左岸の岩壁上をへつり巻いて次の二条一〇《メートル》の簾滝は右岸から高巻き、あと一つ大釜を持つ小滝を越えて、ようやくゴルジュが終わる。

広がりをとり戻した谷を進むと、二《メートル》と三《メートル》の連続する滝を越えたと

美瀑12 m

ころで三条になって谷幅一杯に落ちる七メートル滝が出てくる。ここは左の滝が直登出来る。続いては一二メートルの形のよい美瀑。これは左岸を巻き抜ける。次は変哲のない二メートル滝だが、釜を通過しないと取り付けない。巻くのはプライドに触ると釜に入ったら、深さが胸までもあり、メンバー全員濡れ鼠。

ここからしばらく広い河原の続く穏やかな流れの中を行く。やがて急傾斜のゴーロに入り、流れが右に折れた所で五メートル滝が出てくる。これを左から越えると少し左に首を振って一〇メートル、少し離れた右に八メートルの二条滝を迎える。ここは右のルンゼに入って途中から滝の方へ折れ返すが、八メートル滝の下を通過するのにシャワーを浴びるし、滝の中段を横断する時にも水を浴びるやらで、またも全身ずぶ濡れ。続く四メートル滝を越えると今度は右手に大岩の被さる八メートル滝が出てくる。ここも左岸壁際を攀じ上がったものの、ホールドにした木が半分折れ掛けていて、ずいぶん冷や汗をかかされ、上の三メートル滝も一緒に巻いての通過だった。その先で谷は直角に左に折れて急激に狭まった通路にナメ滝L五メートル、細長い釜を持つ斜瀑一〇メートルが架かり、その上で右に直角に折れて三五メートルの斜瀑を落とす。しばらく滝身近くに弱点を探すが見つからず、結局ナメ滝の手前で直進しているカレ谷から高巻く。途中の壁の切れ目から抜け出て滝の方へ近づいて行くと、上手い具合に落口へ出られた。

　ここから上流はしばらく平凡な流れ。やがて長い廊下へと入るが、中には小さなナメが連続するだけ。再び凡流の中を溯ると、ほどなく周りを岩壁に囲まれた六《メートル》滝で詰まる。ここはメンバーの一人が空身になり、ザイルを出して右岸壁を途中まで登り、残りを落口に向かっての斜上トラバースで切り抜ける。

斜瀑 35 m

　上流の幅が広がり傾斜を増した谷を進むと、大枝谷が右岸から入る少し先で左岸壁に八《メートル》滝が架かる。広いままに直進する谷は単なるルンゼで、滝の架かる幅を狭めて右に直角に折れているのが本谷。この滝を右側から簡単に越えて流れに戻ると、岩屑に埋まったナメ滝二つを越えたところで左にカーブして四《メートル》滝が架かる。これを左から越えると谷幅が大きく広がり、本谷らしさを取り戻して格好の幕営地を提供してくれた。

〔二日目〕　翌日は一日中雨に降られて

記録を取らなかったが、小滝が幾つか出てくるだけで、雨による増水も全く影響なく、目的の尾根へ登り出た。

〈下山〉

明瞭な下山路がないので北隣りの長古須谷から南隣の鯱谷を下降する。

われわれも長古須谷を下る予定で、登り出た尾根上の踏跡を北東に辿った。ところが雨が降り続いていた事もあり、方向を間違って懸垂下降などの悪戦苦闘の末に、とんでもない所に降り着いてしまった。それはなんと父ケ谷の牛鬼淵前の林道で、その罰として長い長い林道歩きが待っていた。

ポイント

六十尋滝の左岸カレ谷からの高巻きは、なかなか壁の切れ目が出てこず、どんどん追い上げられる。最初の二俣を左に入り、次の分岐付近から左の山腹を尾根の方へ攀じて行き、途中で本谷の方へトラバース出来る斜面を辿る。少し嫌らしい所もあるが、谷へ近づくように辿れば六十尋滝落口すぐ上流へ出るはずだ。

注意点

尾根に出てからのルートファインティング。尾根筋には踏跡があるが、どこでどう繋がっているのか定かでない。地図とコンパスで位置を確かめ、上手く下る谷の源頭に出て欲しい。

見所

六十尋滝をはじめ見応えのある滝が多いので、存分に楽しんでもらいたい。

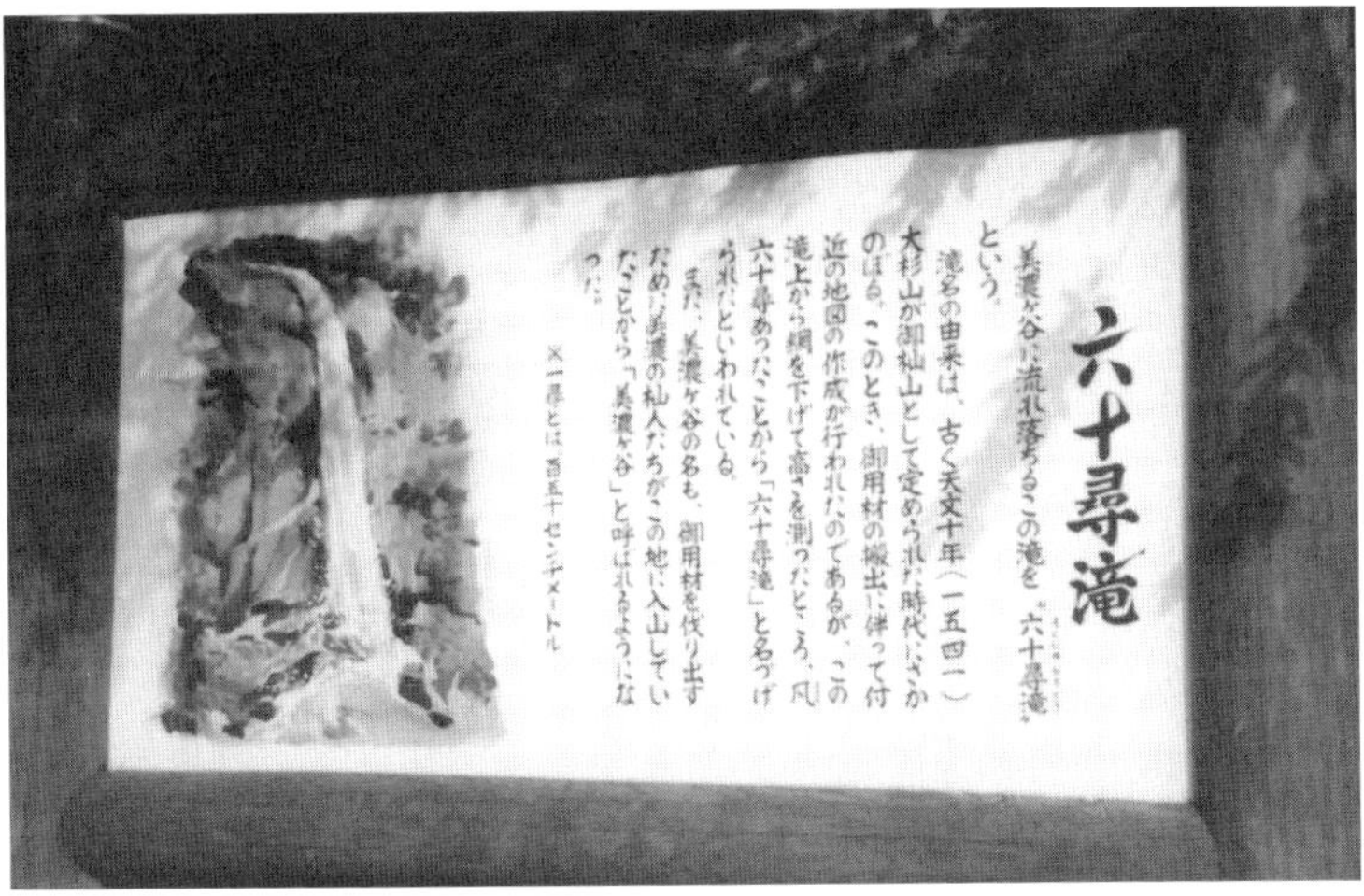

「六十尋滝」の案内板

エピソード

帰路の父ヶ谷林道途中の小屋で、地元の山岳会のメンバーが雨で山行を中止した代わりに開いた酒宴の席に招き入れられ、御相伴に預かった上に、美濃谷出合いまで車で送ってもらえるという親切を受けた。雨の中での長い山中彷徨で、全員くたくただったので非常に助かり、今でもあり難かったと感謝している。

参考タイム

［一日目］駐車地――右岸大枝谷出合い（3時間）三五《メートル》大滝上（1時間30分）二俣手前幕営地（1時間30分）

［二日目］幕営地――尾根（1時間30分）父ヶ谷林道（3時間）駐車地まで徒歩3時間

＊尾根から長古須谷か鯎谷を下降する場合は共に駐車地まで4時間は見ておくこと。

宮川大杉谷本谷

26 堂倉谷《どうくらだに》から石楠花谷《しゃくなげだに》へ

＊ランク　中級者
＊行　程　前夜発
　　　　　一泊二日
＊地形図　大杉渓谷
　　　　　大台ケ原山

〈概況〉

台高のみならず関西の名渓として名を馳せている大杉谷の本谷と目される堂倉谷は、台高の盟主・日出ヶ岳から南の堂倉山までの主稜東面の水を集めて流下し、堂倉滝の下で北西からの西谷と合して大杉谷となるもので、水量多く、滝・釜・淵が連続する豪壮な谷として人気が高い。一方、石楠花谷は一応、堂倉谷の左岸支谷とされるが、実質的には最終の右俣とも取れる谷で、短いながらも谷幅が狭い分、壁が発達していて凄いゴルジュを形成している。

〈アプローチ〉

国道一六九号線を新伯母峰トンネルの手前で捨てて大台ドライブウェーに入り、終点の駐車場まで走る。大阪から三時間ほど。

〈入谷〉

駐車場から遊歩道で日出ヶ岳へと登り、そこから大杉谷登山道を堂倉谷出合いまで下る。駐車場からは二時間半は見ておく必要がある。

〈溯行状況〉

〔一日目〕　雨による増水で凄い迫力の堂倉滝

を右に見ながら登山道を大杉谷本谷を渡る堂倉吊橋手前まで下り、その右手山腹にある堂倉滝の高巻き道に入る。かなり高くまで攀じて仕事場跡のある尾根の鼻へ出ると、ルンゼが滝の落口すぐ上流に導いてくれた。そこは八《メートル》の谷幅一杯に流れるナメ床六《メートル》が始まる所。水量が多くて流れも早い。だが巻くとなればルンゼを登り返さねばならず、思いきって中央突破を計る。ツルツルのナメ床の上に水苔が付着し、足を滑らせたら堂倉滝の滝壺まで持って行かれそう。慎重に歩を進めてなんとか事なきを得る。上の小滝を抜けると、谷幅一杯に落ちる七《メートル》滝が現れ、その上にも大滝が架かる。

ここは左岸の岩場を巻いて一旦、大滝の前に出る。記録の四〇《メートル》はなく、精々二〇《メートル》ほど。ここも左岸から巻いて行くが、小さく巻き過ぎて、落口少し上流の岩場のバンドが途切れて行き詰まる。体勢を崩して流されれば滝下までは

堂倉滝 20 m

幅広 7 m 滝と 20 m 滝

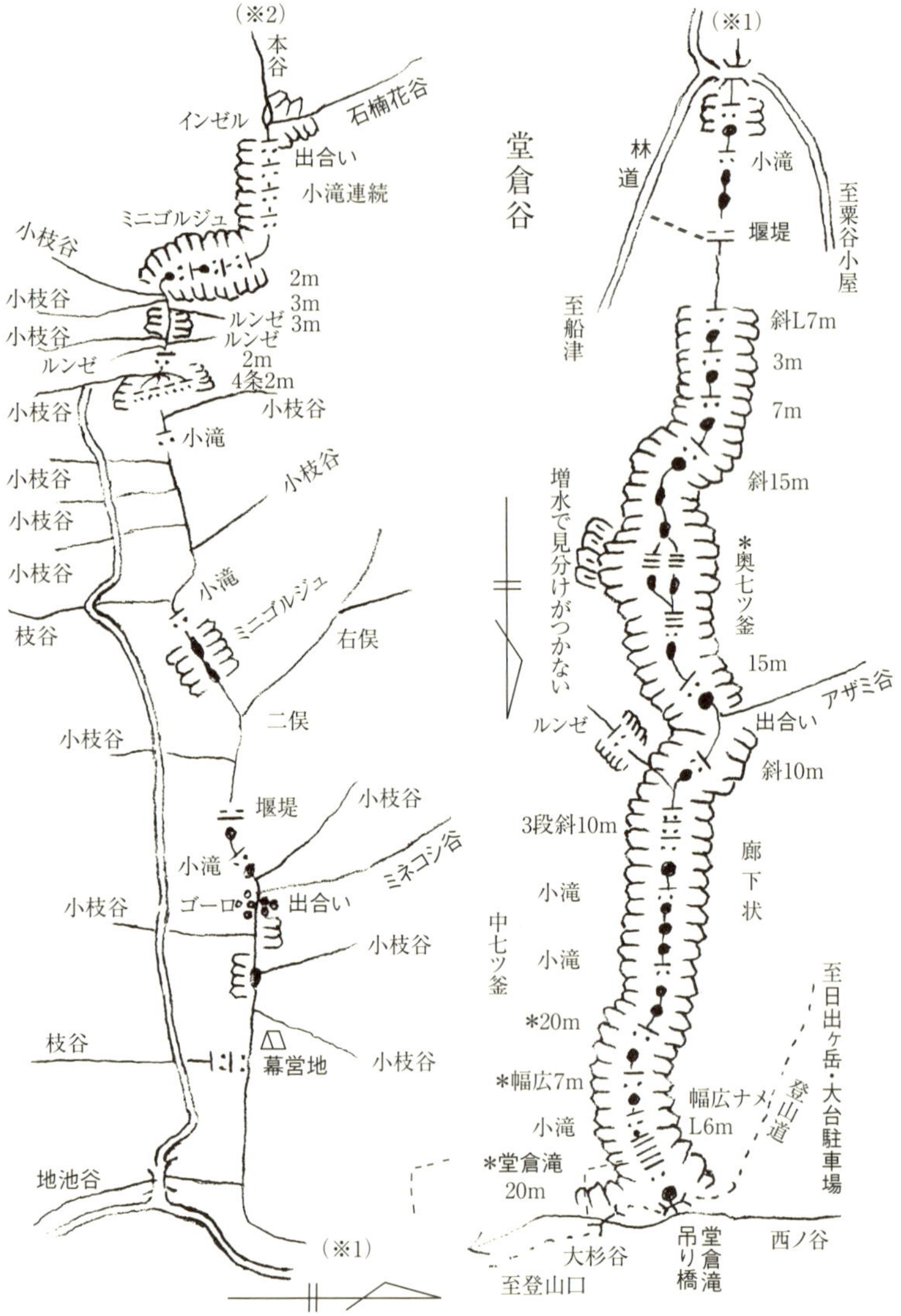
堂倉谷
(※2)
本谷
石楠花谷
インゼル
出合い
小滝連続
ミニゴルジュ
小枝谷
2m
小枝谷
3m
ルンゼ
3m
小枝谷
ルンゼ
ルンゼ
2m
4条2m
小枝谷
小枝谷
小滝
小枝谷
小枝谷
小枝谷
小枝谷
小滝
ミニゴルジュ
枝谷
右俣
二俣
小枝谷
堰堤
小枝谷
小滝
ミネコシ谷
ゴーロ
出合い
小枝谷
小枝谷
枝谷
幕営地
小枝谷
地池谷
(※1)
(※1)
林道
小滝
至栗谷小屋
堰堤
至船津
斜L7m
3m
7m
斜15m
増水で見分けがつかない
*奥七ツ釜
15m
アザミ谷
出合い
ルンゼ
斜10m
3段斜10m
廊下状
小滝
中七ツ釜
小滝
至日出ヶ岳・大台駐車場
*20m
登山道
*幅広7m
幅広ナメ
L6m
小滝
*堂倉滝
20m
西ノ谷
大杉谷
吊り橋
堂倉滝
至登山口

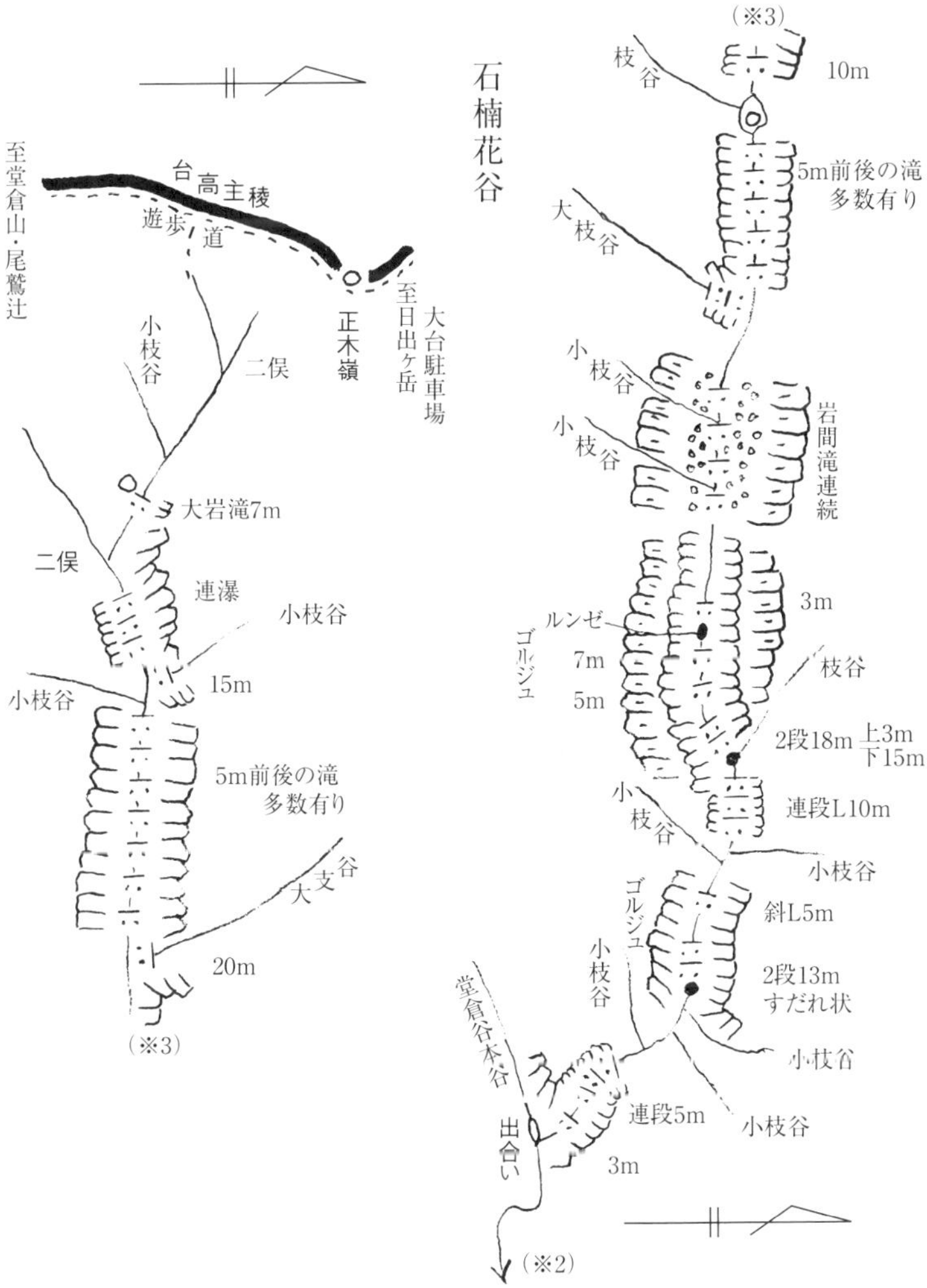
石楠花谷
至堂倉山・尾鷲辻
台高主稜
遊歩道
正木嶺
至日出ヶ岳
大台駐車場
小枝谷
二俣
大岩滝7m
二俣
連瀑
小枝谷
15m
小枝谷
5m前後の滝
多数有り
大支谷
20m
（※3）
（※3）
枝谷
10m
5m前後の滝
多数有り
大枝谷
小枝谷
小枝谷
岩間滝連続
3m
ルンゼ
ゴルジュ
7m
5m
枝谷
2段18m 上3m 下15m
連段L10m
小枝谷
小枝谷
ゴルジュ
斜L5m
小枝谷
2段13m
すだれ状
堂倉谷本谷
小枝谷
小枝谷
連段5m
出合い
3m
（※2）

一直線だが、空身で深さが腰の高さほどの前の流れに飛び込むと、上手く水底に着地してヤレヤレ。あとは同行者をショルダーで降ろす。このあと、出てくる小滝や淵をこなして行くが、水量が多くてどれもこれもが嫌らしい。三段の斜瀑一〇メートルを左からへつり抜け、流れが右に大きく折れた先の斜瀑一〇メートルは右側を登る。ここにはトラロープが垂らされていて、余り気持ちのよい登りではなかった。やがてアザミ谷が右から入ると、流れは左に曲がって一五メートル滝が架かる。これを思ったよりも楽に乗り越えたら、そこから奥七ツ釜が始まる。ここは普段なら流れの中や岩壁に沿って気持ちよく溯れる所だが、今日は余りにも水量が多くて侭ならないし、第一どれが釜なのかも定かでない。

　奥七ツ釜を抜けたあとの斜瀑一五メートルを右岸から巻くと、滝が五メートル、三メートル、ナメ滝L七メートルと出てくるが、全く問題ない。ただ相変わらず釜は大きくて立派。これが終わると前方に堰堤が見えて来て、堂倉谷前半の溯行は終了する

　堰堤を左から攀じ、上の林道へと登り出る。これを右に取り、わずかで右に折れて流れを跨いで粟谷小屋へ向かう道との分岐に出る。ここで再び流れに降りて溯行を再開してもよいが、堂倉谷沿いに直進する林道終点まで全くの凡流なので、林道を最後まで辿る方がよいだろう。それに時間的にも、ここから続く河原状の流れの適当な場所で一泊する事になろう。

〔二日目〕　林道終点から堂倉谷に入ると、すぐにゴルジュ状になるが、壁が立つだけの短いもの。わずかに間を置いて流れが右に折れると三メートル滝を入口にまたもゴルジュとなる。しかしこれも中に三メートル滝と二メートル滝があるだけで短い。ここで再び流れは左に折れ返して連続する小滝

を越えて行くと、インゼルとなって左岸支谷が出合う。これが目的の石楠花谷。

石楠花谷に入ると谷の様相が一変。わずかに進むと両側に壁が立ち始め、薄暗い陰湿な谷になると同時に傾斜が強まる。そして谷が正面の壁で行き止まる所にすだれ状の形のよい滝が左から落下する。ここは左岸の小枝谷から巻き上がるが、途中で谷中を覗くと、下一〇《メートル》、上三《メートル》の二段一三《メートル》滝だった。その上の斜瀑L五《メートル》も共に巻き、河原状の砂の堆積といえる場所に降り着き、まず最初のゴルジュを抜ける。

しかし、すぐまた壁が立ち、連段のL一〇《メートル》を越えるとゴルジュとなって下が一五《メートル》、上が三《メートル》の二段滝を迎える。ここも右岸滝身横のルンゼからの高巻きになり、滝頭の少し上流へ抜け上がる。谷は両側の垂壁に囲まれて狭まり、滝前に左上から右下へ斜めに大きな流木の凭れかかる五《メートル》滝を架ける。ここは流木を利用してのシャワクラで直登して抜け上がる。

続く落口に流木の堆積した七《メートル》滝はホールドがなくて直登出来ず、五《メートル》滝の落口まで戻って右岸壁を登り、壁上を際どいへつりでトラバー

奥七ツ釜も増水で通過不可能

スして流れに戻る。そこは次の三メートル滝の長い釜の前で、この釜が前進出来ないので流れを渡って左岸をへつり、滝の落口に登り出る。

　これで一応、第二のゴルジュは終わり、今度は広い谷中のゴーロ帯となって幾つもの岩間滝が出てくる。別段たいしたものはないが、傾斜が強いので高度が稼げる。左から大き目の枝谷が滝を架けて合わさるとゴーロは終わり、両壁が近づき出して谷は狭まる。しかしゴルジュではないので谷は明るく、その中に五メートル前後の滝が次々と出てくる。連瀑帯という感じだが、悪い滝は全くない。

　やがて大岩を挟んで流れが二つに分かれ、その上に一〇メートル滝が架かる所を越えると、右手に幅広の二〇メートル滝が出現。これは正木嶺に直接突き上げる谷に架かる。水量もかなりある立派なものだが、この滝を巻き上がるのはずいぶん骨がいるので、真っ直ぐの谷を進む。谷中には引き続き五メートル前後の滝が数え切れないほどに連続し、高度はぐんぐん上がる。ほどなく左岸枝谷が一五メートル滝で合わさると、本谷も同じ高さの連瀑を架ける。これを簡単に直登すると、すぐ上が二俣。右の谷に入ってすぐの大岩に架かる七メートル滝を越えると、これを最後に滝は途切れる。最後の二俣を左に取ると、流れはいつしか消え、倒木と笹とを踏み越えて苔むす原生林の中を尾根目指して登って行くと、間もなく日出ヶ岳から尾鷲辻へと続く遊歩道へ飛び出した。

〈下山〉

　遊歩道を北へ辿り、正木嶺を越えて日出ヶ岳への分岐から駐車場に帰る。時間があれば尾鷲辻経由で帰るのもよいだろうし、さらに直進してシオカラ谷を渡って帰るのも悪くない。

ポイント

前半の二〇《メートル》滝の左岸からの高巻きは滝の落口への岩場のトラバースが嫌らしく、諦めて後戻りするのは、さらに難しいので慎重に。ザイルを出すか、もう少し高く巻くのが安全。

石楠花谷の第二ゴルジュ入口の二段滝の高巻きは、右岸から巻くと上の二つの滝を見落とす事になるので、ここは左岸のルンゼから。流れに近づいたらバンドを辿って落口上部に出て、左斜め下へと笹の束を頼りに降りる。

注意点

堂倉滝すぐ上流のナメ床は普段なら苦もなく溯れるが、増水時には足元を掬われる恐れがあるので注意して欲しい。それと石楠花谷の第二ゴルジュの中の七《メートル》滝の通過は壁上に攀じ登ってからのへつりが嫌らしく、これも慎重に足を運んで欲しい。

見所

残念ながら雨の降る中での溯行だったので、つぶさに見られなかったが、奥七ツ釜の優雅な姿に触れて見たいのは私だけではないと思う。それとは対照的なのが石楠花谷の二つの凄いゴルジュ。特に二つ目は両岸の四〇《メートル》もあろうかと思える垂壁が、人間二人が横に並ぶと窮屈なほどの狭さで威圧的にそそり立ち、脱出不可能ではとの恐怖心すら起こる。

参考タイム

［一日目］大台駐車場――日出ヶ岳（30分）堂倉小屋（1時間20分）堂倉滝吊り橋（40分）堂倉滝落口上流（30分）アザミ谷出合い（1時間40分）堰堤上部林道（1時間30分）地池谷出合い近く幕営地（30分）

［二日目］幕営地――ミネコシ谷出合い（30分）石楠花谷出合い（1時間）二俣（2時間）台高主稜（30分）正木嶺（10分）大台駐車場（40分）

宮川本谷大杉谷支谷

27 西《にし》ノ《の》谷《たに》下部

*ランク　中級者
*行　程　前夜発日帰り又は一泊二日
*地形図　大杉渓谷　大台ケ原山

〈概況〉

名滝・堂倉滝のすぐ下流で本谷の堂倉谷と合流する大杉谷の右俣ともいえる谷で、半円を描いて日出ヶ岳へと突き上げている。林道の横切る西谷橋から上流は少し溯行の醍醐味が薄れるので、巴滝などの面白い滝が架かる出合いからの下流域に人気が集中する。

〈アプローチ〉

堂倉谷と同じ。

〈入谷〉

堂倉滝吊り橋の袂から岩場をへつって入谷。

〈溯行状況〉

まずは巨岩が堆積するゴーロ帯を行く。右岸からの最初の小枝谷を見送ると、右岸側を張り巡らす岩壁下の大きな淵に行く手を阻まれ、左岸を小さく巻く。すぐ右岸から枝谷が入り、再び深い淵に行き止まる。ここはシュリンゲを張って左岸側の岩のバンド上を際どいへつりで越え抜ける。ゴーロの谷はさらに続き、右に左にと大岩の乗り越しの応接に暇がない。その上、

大杉谷・西ノ谷

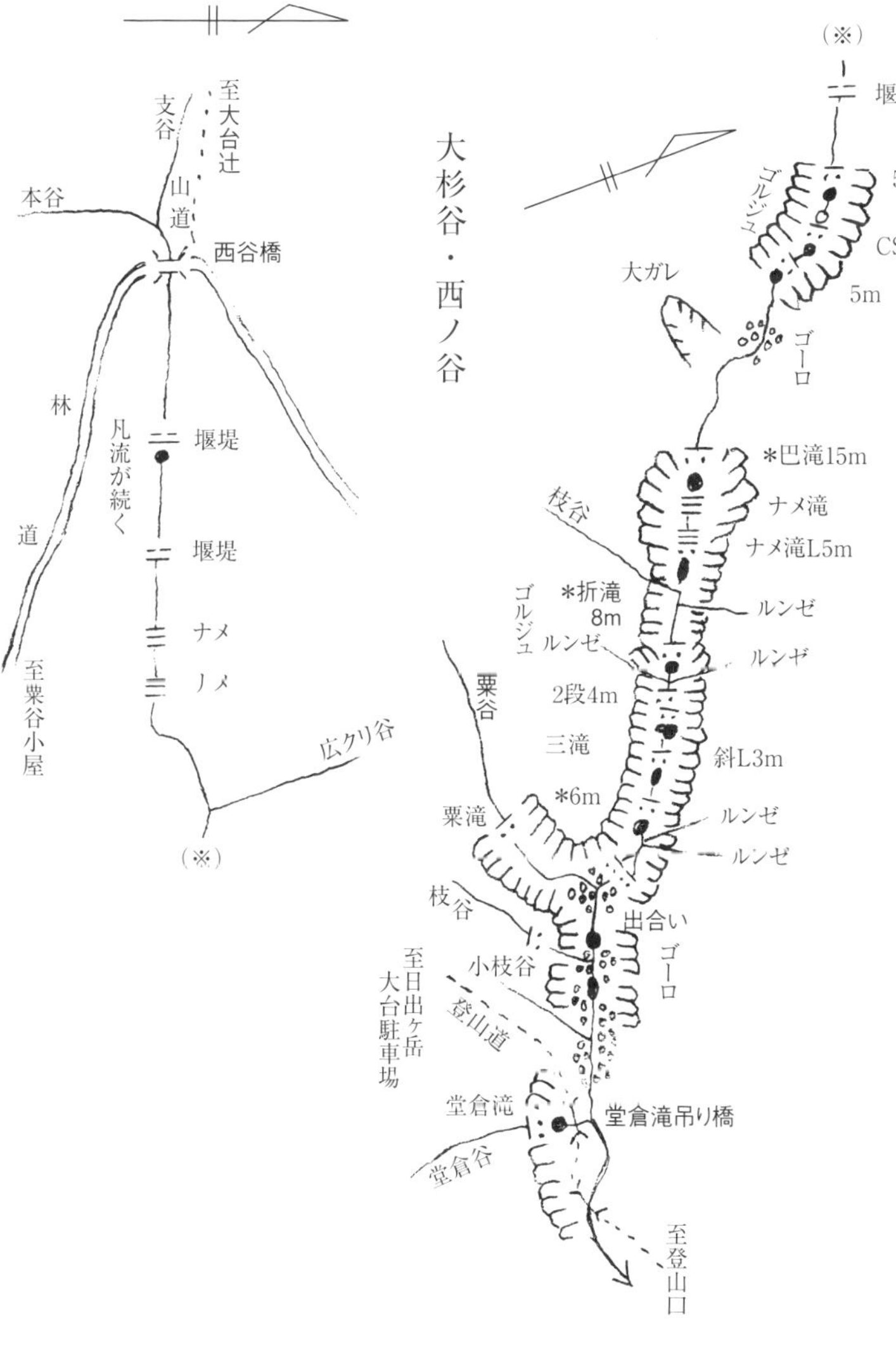
至大台辻
支谷
山道
本谷
西谷橋
林道
凡流が続く
堰堤
堰堤
ナメ
ナメ
至粟谷小屋
広クリ谷
(※)
(※)
堰堤
ゴルジュ
5m
CS8m
5m
大ガレ
ゴーロ
*巴滝15m
ナメ滝
ナメ滝L5m
枝谷
*折滝
8m
ゴルジュ
ルンゼ
ルンゼ
ルンゼ
粟谷
2段4m
三滝
斜L3m
*6m
粟滝
ルンゼ
ルンゼ
枝谷
出合い
ゴーロ
至日出ヶ岳
大台駐車場
小枝谷
登山道
堂倉滝
堂倉滝吊り橋
堂倉谷
至登山口

三滝最初の６ｍ滝

この時の溯行では雨に降られてペースが上がらず、粟谷の出合いまで一時間もかかった。

　粟谷も出合いから奥はゴーロだが、上部に滝が架かるのが見える。その辺りにゴルジュがあり、悪絶な粟滝が架かると聞く。本谷も出合いから右に折れて狭まり、三滝のゴルジュが始まる。最初の二条滝を越えると、左に折れ返した所に大釜に向かって豪快な六《メートル》滝が落ちる。こ

折滝８ｍ

こは滝身右横の凹角を登るが、用心にザイルを出す。この上には滝が二つ連続。共に谷幅一杯の釜を持つ斜瀑L三メートルと二段四メートル滝だ。これは直進可能に思えるが、流れが速くて足を掬われたら六メートル滝の釜に叩きつけられるのは間違いなく、安全を期して左岸側の山腹をへつり巻く。

巴滝15 m

　谷に戻ると今度は八メートルの美瀑が待ち受ける。折滝で、この釜も大きい。ここは右岸をルンゼから大きく高巻いて嵓の上を越え、反対側のルンゼを下る。ただ、谷床へ降りる地点が悪く、しばらく山腹をトラバースしてから壁の切れたところで流れに戻った。

　上流ほどなく右岸から枝谷が入ると、長い釜の先にナメ状斜瀑L五メートルが落ち、その上部にもナメ床が続く。さらにその先には人釜を従えた一五メートル滝が辺りに飛沫を撒き散らせながら堂々と落下する。ゴルジュ最後の巴滝だ。ここも右岸から滝横の岩壁沿いをバック気味に上昇して高巻く。かなり上部で出てくる滝の方へ戻るバンドを辿り、途中の岩角が飛び出した所を四つん這いになって通過してから高みを越えて流れに下る。

　上流はゴーロ状となるが、流れは穏やか。このゴーロが終わり、ちょっとした岩間滝やナメ床を越えて行くと再び壁が立ち出し、右に折れる所から次のゴルジュが始まる。入口の滝は五メートルで、奥にはCSになった八メートル滝が架かる。ここは通過不可能と見て左岸から高巻き、最後の五メートル滝も一緒に巻いてゴルジュ出口の先で谷に戻る。このあと、しばらくで堰堤が現れ、興醒めだ。堰堤から上流も全くの凡流となり、小さなナメ床がポツポツ出て来るくらいで、遡行の終わりを告げている。

〈下山〉

　このあと、林道が谷を渡る西谷橋までには二つの堰堤があり、遡行価値は余りないとはいえ、適当に打ち切って右岸林道に登り出る方がよいかも。

　林道に出てからの帰路は、堂倉非難小屋まで林道を辿って登山道を登り返すルートは時間がかかるし、登り返しがきつい。西谷橋から大台辻への山道を辿り、筏場登山道でドライブウエーに出て、車道を駐車場に戻る方が得策。

ポイント

三滝の通過。最初から巻いてしまえば簡単。直登するならザイルを出した方がよい。上の滝は釜の手前で流れを渡り、斜瀑の右岸壁をへつり抜けてから奥の釜の手前を左岸に渡り返せば直登は可能。水量が多い時は難しい。

注意点

行程は前夜発日帰りとしたが、よほど足の早い者でないと難しいかもしれない。日帰りなら出来るだけ早く出発する事。それでも日の短い時なら帰路にはヘッドランプがいるだろう。それならむしろ谷中一泊の山行にする方がノンビリ出来るし、谷のよさも十分味わえる。それに時間次第では上流部の溯行も可能だろう。

見所

巴滝は高さこそ、それほどではないが、水量豊かにプールのように大きな釜に落ちる姿は豪快そのもの。しばし滝下に留まり、沢山のイオンを浴びて英気を養ってもらいたい。

参考タイム

大台駐車場――堂倉滝吊り橋（3時間）粟谷出合い（45分）折滝高巻き終了（2時間）西谷橋（2時間）大台辻（30分）ドライブウエー（2時間）大台駐車場（30分）

〔谷の専門用語解説〕

初心者にとっては谷で使う専門用語は理解しにくいと思われるので、一般登山に使うものも含めて代表的なものを簡単に解説します。

インゼル＝元来は島状の岩稜のことだが、沢登りでは流れが複数に分かれてできる中州全般のことをいう。

ガレとザレ＝山中の崩壊地で、岩石の散乱した場所をガレまたはガレ場、目の粗い土や砂礫に覆われたものをザレまたはザレ場という。

カンテ＝岩壁上の凸角部分の事。

キジ打ちと花摘み＝用便をする事。猟師が雉を打つ時のスタイルにちなむ。花摘みが女性に使われることは想像していただけると思う。

ゴーロ＝谷中の巨岩がゴロゴロと堆積した所。

ゴルジュと廊下＝「ゴルジュ」とはフランス語でノドの意味で、谷中の両岸の岩壁が極端に狭まった地形をいう。中には淵や釜、あるいは滝があって通過困難なものが多い。「廊下」も同じ意味で、長くて規模の大きいものを指すようだが、私は谷幅が狭まっているだけで険悪さのあまり感じられないものに使っている。

チョックストン＝チョックとは「くさび」のことで、岩の隙間などに挟まった岩をさす。

ナメ（床・滝）＝谷床が滑らかな岩盤に覆われたものをいい、平坦に近いものや比較的傾斜の緩いものをナメ床、幾らか傾斜のあるものをナメ滝とする。

バンド＝帯状に横に長く延びる岩棚。

へつり＝両岸の切り立った場所で、岩壁などを横への移動で通過すること。

銚子川水系

銚子川支谷

28 岩《いわ》井《い》谷《だに》

＊ランク　上級者
＊行　程　二泊三日
＊地形図　引本浦
　　　　　大杉渓谷

〈概況〉

この谷は左俣にあたる又口川は別として銚子川最大の支谷。三平滝を筆頭に八〇㍍滝の他にも二〇㍍以上の大滝が六本も架かる厳しい谷として知られ、高い登攀技術を要求される上に源頭部までの距離が長く、遡行は心技体が充実していないと難しいだろう。

〈アプローチ〉

国道一六九、三〇九号線を経て熊野市で左折して四二号線に入り、海山町まで走る。銚子川に架かる銚子橋を渡った所で左折し、銚子川左岸沿いの車道を上流へ向かう。一〇㌔強で対岸に道水管が見えて、その下に発電所が出てくる。このわずかに下流が岩井谷の出合い。大阪からは五時間弱。遡行を終えて出合いに戻って来る距離が余りにも長いので、下って来る往古川沿いの大台林道の山道取り付き地点付近に別の車をデポしておく事も考えよう。これには往復一時間半はかかる（32小木森谷の項参照）。

〈入谷〉

林道から対岸の発電所に下る道を辿って銚子川の流れに降りる。そこからわずかに流れを下ると岩井谷が左岸に入る。

〈溯行状況〉

［一日目］ 出合いから巨岩の詰まったゴーロ帯で、小滝に続いて大釜を持つ一〇《メートル》滝が行く手を阻む。両岸共岩壁が立ち上がっているので、早速左岸をザイルを出して登らされ、さらに高巻いて三《メートル》滝の前に降りる。この滝を越えて次の三《メートル》滝の左側を攀じ登ると、今度は二〇《メートル》滝が待ち構え、これも手の出しようがなくて右岸から高巻く。流れに戻って二つの滝を越えると、またもゴーロに入る。岩間滝二《メートル》のあとに長さが二〇《メートル》の斜瀑一〇《メートル》を迎え、左の巨岩の左側に出来た岩溝を伝って巻き上がる。続いては二条ともCSの四《メートル》滝。ここはトップが空身でハーケンにアブミを架けて中央の巨岩の上まで登り、そこから全員のザックを荷揚げ。後続はトップと同じ要領で攀じ上がる。上部の巨岩を縫って進むとCS一〇《メートル》滝が出現し、息つく暇がない。これも直登困難で、少し下流左岸のカレ谷から巻き上がり、上に続く二《メートル》滝の上流で谷に戻る。すぐ上で右岸から小谷が入るが、導水管で送る途中の水を放水しているらしく物凄い水量だ。

前方の広い釜を越えると谷は伏流になり、頭上に鉄製の橋が架かる。ここから先は三平滝手前の取水堰堤まで何もなく、谷中を進んでも三平滝を高巻くのに谷から攀じ上がらねばならない。そこで右岸から橋へ攀じ上がって作業道を辿る。道は橋を渡って左岸側を下流へ向かい、すぐに再び鉄製の橋で右岸へ渡り返す。そこは垂直な岩壁の真下で、堰堤の監視カメラが設置されている。谷の前方には堰堤に遮られた水が満々と溜まり、その前方はこれまた高い垂壁が

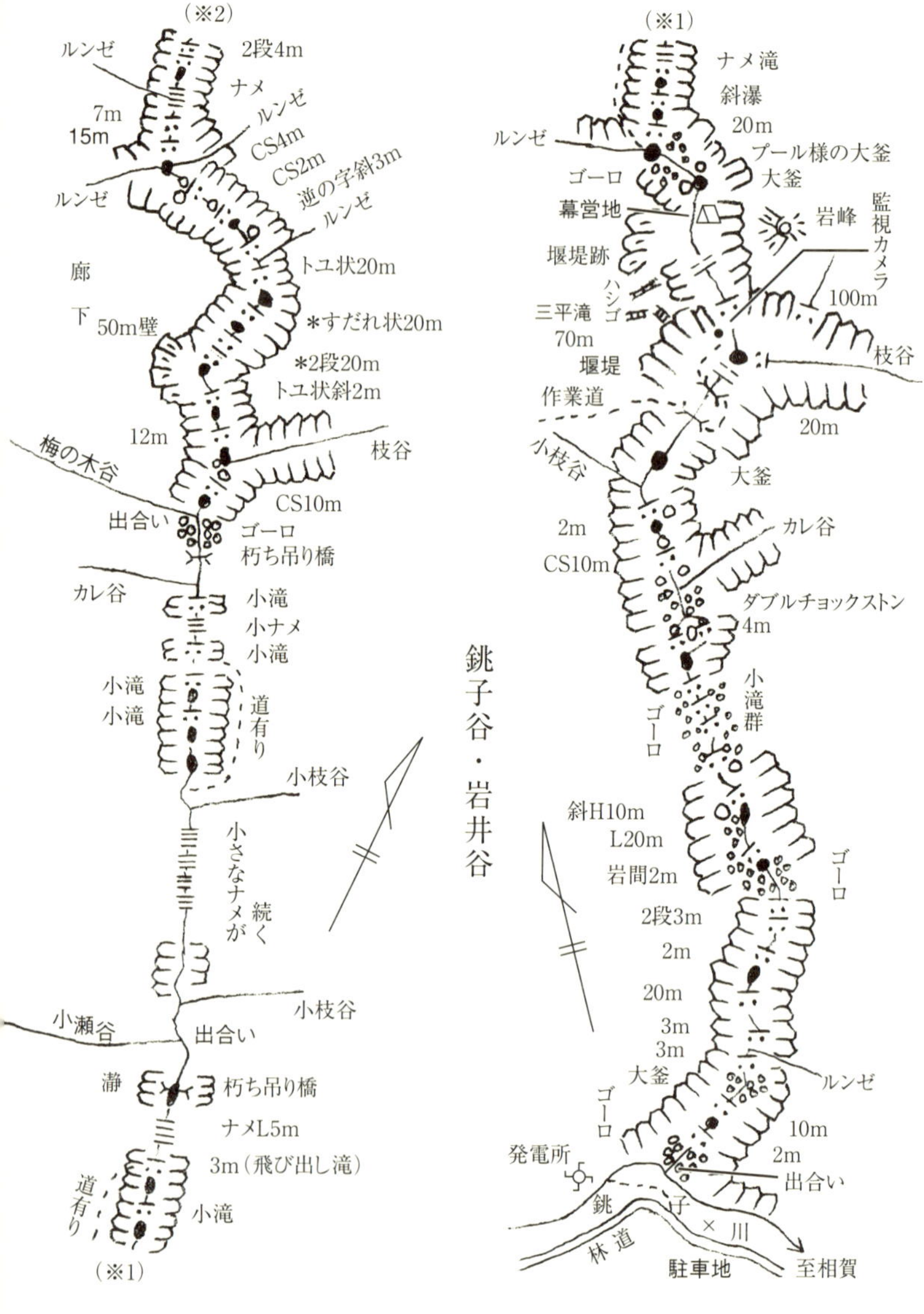
(※2)
ルンゼ
2段4m
ナメ
7m
15m
ルンゼ
CS4m
CS2m
ルンゼ
逆の字斜3m
ルンゼ
廊
下
50m壁
トユ状20m
*すだれ状20m
*2段20m
トユ状斜2m
12m
梅の木谷
枝谷
CS10m
出合い
ゴーロ
朽ち吊り橋
カレ谷
小滝
小ナメ
小滝
小滝
小滝
道有り
小枝谷
小さなナメが続く
小枝谷
小瀬谷
出合い
瀞
朽ち吊り橋
ナメL5m
3m(飛び出し滝)
道有り
小滝
(※1)
(※1)
ナメ滝
斜瀑
20m
ルンゼ
プール様の大釜
ゴーロ
大釜
幕営地
岩峰
監視カメラ
堰堤跡
ハシゴ
100m
三平滝
70m
枝谷
堰堤
作業道
20m
小枝谷
大釜
カレ谷
2m
CS10m
ダブルチョックストン
4m
小滝群
ゴーロ
斜H10m
L20m
岩間2m
ゴーロ
2段3m
2m
20m
3m
3m
大釜
ルンゼ
ゴーロ
10m
2m
発電所
出合い
銚子川
林道
駐車地
至相賀
銚子谷・岩井谷

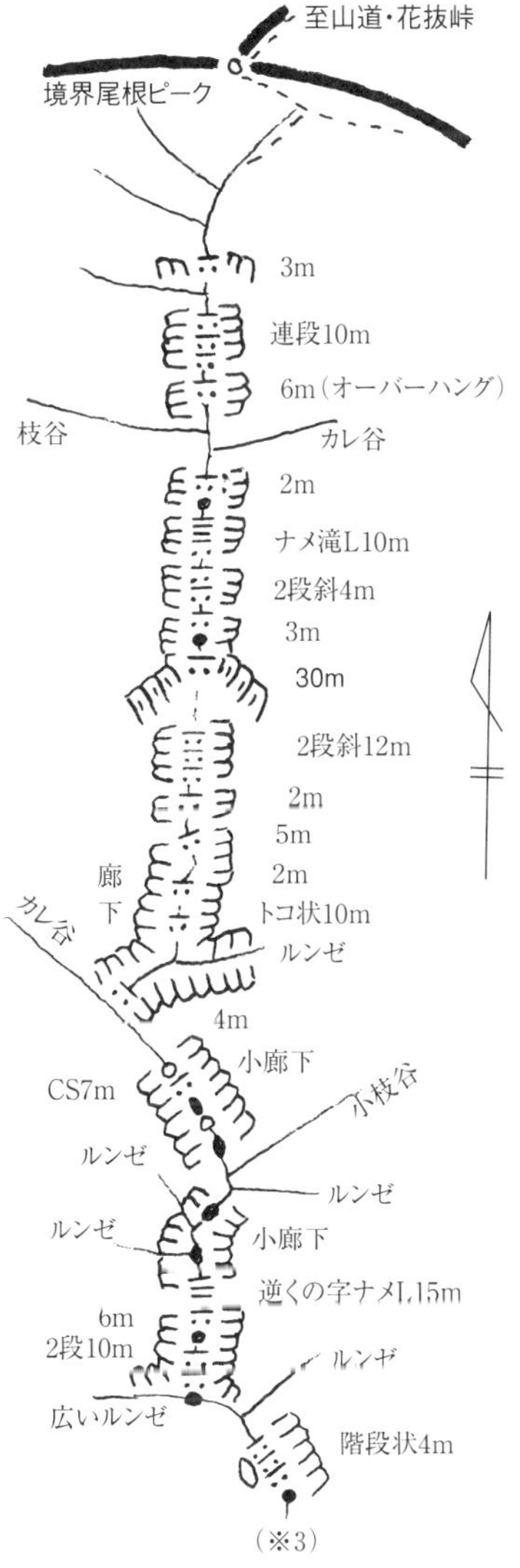
至山道・花抜峠
境界尾根ピーク
3m
連段10m
6m（オーバーハング）
枝谷
カレ谷
2m
ナメ滝L10m
2段斜4m
3m
30m
2段斜12m
2m
5m
2m
廊下
トコ状10m
カレ谷
ルンゼ
4m
小廊下
CS7m
小枝谷
ルンゼ
ルンゼ
ルンゼ
小廊下
逆くの字ナメL15m
6m
2段10m
ルンゼ
広いルンゼ
階段状4m

（※3）

（※3）

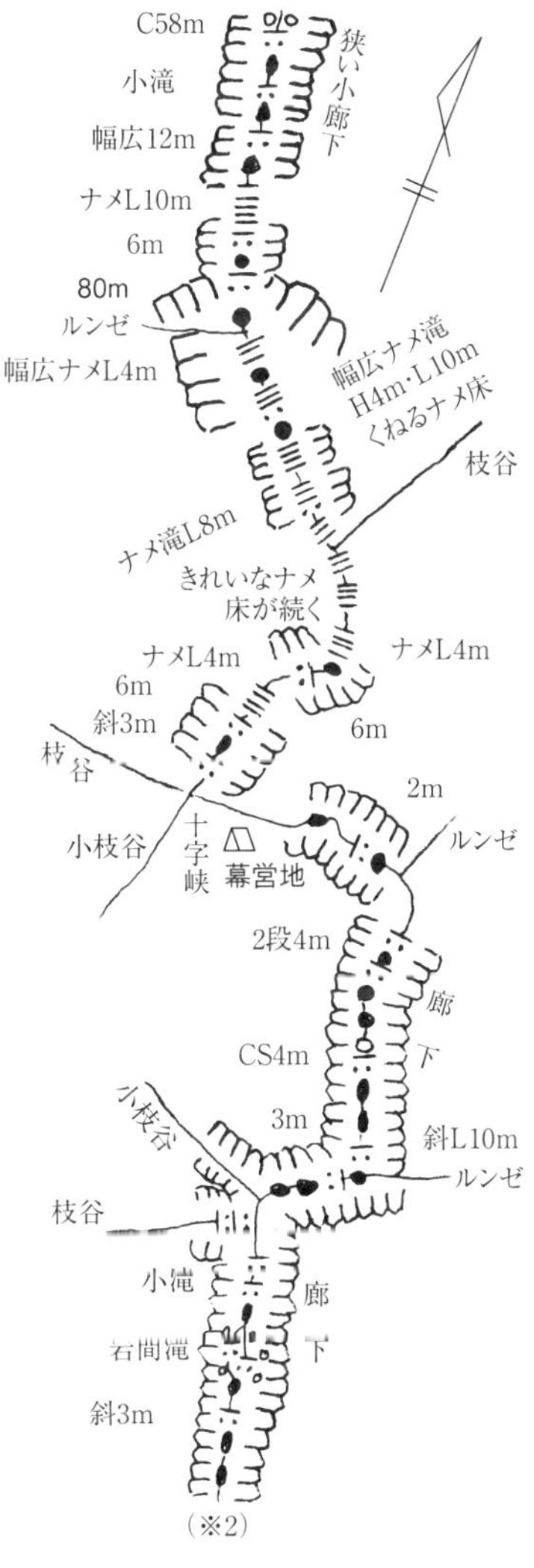
C58m
小滝
幅広12m
狭い小廊下
ナメL10m
6m
80m
ルンゼ
幅広ナメL4m
幅広ナメ滝
H4m・L10m
くねるナメ床
枝谷
ナメ滝L8m
きれいなナメ
床が続く
ナメL4m
ナメL4m
6m
斜3m
6m
枝谷
2m
ルンゼ
小枝谷
十字峡
幕営地
2段4m
廊下
CS4m
3m
斜L10m
ルンゼ
小枝谷
枝谷
小滝
廊下
岩間滝
斜3m

（※2）

屹立している。右手には水量は少ないが二〇《メートル》ほどの枝谷の滝が架かり、その左手奥には一〇〇《メートル》はあろうかと思われる壁から水が流れ落ちている。水量乏しい小枝谷の滝で、本谷は左に直角に曲がり、奥に架かる七〇《メートル》あるとの三平滝は見えない。

ここは右岸に垂らされた一六ミリのザイルを頼りに二〇《メートル》の垂壁を登るつもりだった。ところが、そのザイルは切れ落ちて使えない。しかし垂壁には頭のない工業用の長いボルトが何本も打ち込まれているので、これを利用してトップが空身で攀じ登る。勿論ザイルを付け、途中にはボルトをビレーピンにして何箇所もランニングを取りながらだ。苦労しながらもどうにか上まで登り切ったが、三〇分もかかった。

さて後続の番となるが、ザックを背負って登れという。荷揚げが大変だからで、私がこれに応える。しかし正に垂直の壁だ。日帰りならともかく、谷泊の重いザックを背負っていては思うに任せず、しかも高所恐怖症の身では、それがさらに追い討ちをかけ、登り終えた時には精根尽き果ててしまった。これではとても後続に同じ事をさせられないと、二人でザックを全部荷揚げしてから空身で登ってもらった。この上には鉄の梯子場が二箇所あり、これでコルまで攀じ抜けると、あとは下りの鉄梯子で簡単に谷の右岸側へ下り着いた。三平滝の落口少し上流の古い堰堤跡が残る場所で、この左岸高みの台地状の小屋跡で初日の夜を過ごした。

［二日目］　幕営地からほどなくで大きな釜が出てくる。この釜を越えてわずかにゴーロを急登すると、その釜の何倍もあるプールのような巨大な釜を持つ二〇《メートル》滝が立ち塞がる。ここは右岸のルンゼから巻き上がり、上部の岩壁下に

出てくる踏跡を辿る。壁が立っていて二〇《メートル》滝のすぐ上には降りられず、小滝には似合わぬ大釜の前に降り着く。次の三《メートル》滝は水が滝頭から飛び出していて面白い。L五《メートル》のナメをやり過ごすと淵が延びて、頭上に朽ちた吊り橋の残骸を見る。この淵を腰まで浸かって通過、ほどなく右岸から小瀬谷が入る。

2段20m滝

連続する短いナメを通過すると、ちょっとした廊下を迎える。中には小滝が二つだけなのに入口の大きな淵で前進出来ず、左岸に上がってブッシュ帯を平行トラバースして小廊下を抜ける。ほどなくまたも頭上に朽ち吊り橋を見上げるとゴーロ帯に入り、左から梅の木谷が入る二俣を迎える。右の本谷は入口が急激な狭まった暗くて陰鬱な感じのゴルジュ。水量も何だか少ない感じ。

中に入ると、すぐにCS一〇《メートル》滝が架かり、直進不能。右岸から次の一二《メートル》滝と共に高巻く。戻った流れはトユ状の斜瀑二《メートル》のあとに周囲を高い壁に囲まれた大広間を作る。空を遮るものがなくて明るく、険悪さは微塵もないが、右に折れる流れは下段が斜傾した二段二〇《メートル》滝を落とし、その先は再びゴ

簾状の20ｍ滝

ルジュだ。

　ここは左岸を巻いて行くが、上には簾状二〇メートル滝、トユ状二〇メートル滝と続き、なかなかの迫力だ。巻き終えて戻った流れは依然廊下で、斜瀑三メートル、CS滝二メートルを越えて次のCS滝四メートルは右岸を巻く。これで廊下が終わり、右に折れた所に一五メートル滝が落下する。ここは右岸滝横の凹角をチムニー登りで切り抜ける。ところが次の七メートル滝にずいぶん苦労し、神経をすり減らした。トップがザイルを付けて左岸壁を攀じる高巻きとなるが、高さが二〇メートルもある。なんとかトップが上まで登ってザイルで確保してくれるが、いかんせん、われわれは岩屋ではなくて沢屋だ。空身になったりして全員無事に登り終えたが、三平滝の高巻き以上に苦しかった。

　このあと、山腹を際どくトラバースしてナメ床に続く二段四メートル滝の上で流れに戻って一息つく。しかし谷には依然として廊下が続き、滝が出てくるたびに左岸側から巻いては戻りを繰り返す。やがて谷が右に折れ曲がったあとで、すぐに左に折れ返すが、ここを左岸から巻いて行く時には、上部の踏み跡に出るまでが厳しいモンキークライムだし、踏み跡に出てからも笹藪の中のトラバースで手や顔が傷だらけ。どうにかCS滝四メートルの上で流れに戻り、淵を一つ越えたあとの、上段の滝裏が洞穴状に抉れた二段四メートル滝を左岸を巻いて越える。

　これでようやく廊下も終わり、次の二メートル滝を左岸から巻き越え、続く釜を右岸から巻き越えると、これまでの険谷が嘘のような平流が坦々と続き、ほどなく左岸側に小屋跡の石垣が連続するので、ここを二日目の幕営地とした。

［三日目］　幕営地から平流を一〇分も進むと直進する枝谷と右岸から小枝谷が合わさり、本谷は右に折れる十字峡。本谷には三メートルの斜瀑のあとに六メートル滝が落ちるので右岸壁下をへつり抜ける。上部はナメL六メートルに続いて六メートル滝がまたも登場し、これは右手から攀じ越える。すると左にカーブする流れには次々とナメ床やナメ滝が出てきて美しい佇いを見せる。ところが谷とはそんな甘いものではない。ナメが終わった途端に八〇メートル大滝が待ち構える。この谷最大の滝で、大広間の中に落ちる姿は見応えある。

　ここは当然の大高巻き。右岸のルンゼから巻き上がって行くが、苦しい登りで途中何度も休む。しかし高みに登り出たら、あとは簡単な下りで上に続く六メートル滝の頭へと降り着き、何か物足らない感じ。上部のナメL一〇メートルのあとは狭い小廊下で、中の幅広い一二メートル滝を右岸のブッシュ伝いに、さらにCS滝八メートルも右岸から巻き越える。

　これで廊下は終わり、階段状の四メートル滝を右手から登り切ると谷は左へカーブしてルンゼが直進し、本谷は右手から二段一〇メートル滝を落とす。ここは下段を右側から登り、流れを横切ってから上段を左手のブッシュ伝いに攀じ抜ける。続く六メートル滝、ナメL一五メートルは問題なし。すぐの廊下も中に淵が二つあるだけ。

わずかに先の次の廊下は入口に岩が挟まり、奥にCS滝七メートルが架かって直進不能なので、左岸の高巻きで廊下を越える。この少し先で先ほど同様に涸れ谷が直進し、本谷は直角に右に折れて四メートル滝を架けた廊下。この滝を直登し、次のトユ状滝一〇メートルを左岸から小巻きすると、二メートル滝、五メートル滝と続くので、これも左岸を小さく巻く。なおも滝は続き、今度は三段一二メートル滝の登場。しかし、たいした事なく直登出来る。次はこの谷最後の三〇メートル大滝。これは厳密には何段にもなっていて直登が出来る。ただ用心のために明瞭な段差から上部ではザイルを出す。このあとはすっかり穏やかな流れになり、苦労するのは七つほど出てくる滝の中で、左から巻き越えるオーバーハングの六メートル滝だけ。やがて傾斜の強い源流帯に入り、北へ向かうべく二本の分岐を共に右へ進んで台地状の所へ登り出て、あとは踏跡を辿って尾根に登り着いた。

〈下山〉

まずは堂倉ノ高と加茂助谷ノ高を結ぶ尾根に出て、その尾根を確認してから北上する。尾根には踏み跡があるが、分岐しているので方向を確認しながら進む。山道に出る手前で一旦、コルに降りてから登って行くと絨緞を敷き詰めたような苔で覆われた台地状の広場に出る。そこが山道との出合いで、山道は広場の右奥を下っている。これを花抜峠を経て大台林道に下る。

ポイント

三平滝の高巻きが問題だろう。無理しないのならずいぶん大回りになるが、右岸尾根に高巻き道があるので、これを利用すればよい。

注意点

直登どころか高巻くのにも高度な技術やルートファインティングを求められる所が数多くあり、安易な気持ちで入谷しないで欲しい。

見所

豪快な大滝も見所だが、それにも増して素晴らしいのは最後の三〇メートル滝の頭からの展望。太平洋が眼前に広がり、一服の清涼剤を与えられた思いに浸れる。

エピソード

二日目に全員が苦労した七メートル滝の高巻きの時の事。私は二〇メートルの岩壁が登れず、諦めてザイルを外し、他のルートを探した。すると垂直の岩壁に上部に延びる割れ目が見つかり、これを直上した。しかしホールドにと思った木に手が届かず、上部のメンバーにザイルを求めるが応答がない。仕方なくシュリンゲを木に二度の投げ縄で脱出を計るが、二箇所とも細い木で、これに重いザックを背負って全体重を預けるのだから折れれば谷底へ一直線で、生きた心地がせず、すっかり神経がすり減ってしまった。

参考タイム

[一日目] 駐車地――三平滝手前の堰堤（2時間30分）三平滝上幕営地（2時間20分）

[二日目] 幕営地――小瀬谷出合い（1時間）梅の木谷出合い（1時間）一五メートル滝（2時間）幕営地（4時間40分）

[三日目] 幕営地――八〇メートル大滝下（30分）三〇メートル滝頭（4時間）境界尾根ピーク（30分）山道出合いの広場（30分）花抜峠（1時間）大台林道駐車地（1時間20分）

29 光《ひかり》谷《たに》

銚子川支谷

＊ランク　中級者
＊行　程　前夜発日帰り
＊地形図　引本浦・河合

〈概況〉

台高南部にあって熊野灘に流れ出る銚子川には岩井谷を筆頭に幾つもの大滝を持つ支谷が数本あり、この光谷もその一本。ただ本流沿いの林道が光谷沿いにも延ばされ、幽すいさが失われたのは残念な限り。とはいえ一〇〇メートルの光滝の架かる右俣には林道が入っておらず、ここまでを日帰りすれば溯行気分を満喫出来る。

〈アプローチ〉

岩井谷出合いまでは岩井谷の項を参照。車をさらに林道奥へと走らせて行くと、昼間なら左手前方の高みに不動谷に架かる大滝・清五郎滝の落下するのが見えてくる。この不動谷の出合いで林道は通行止めのはずなので近くの適当なスペースに駐車する。大阪から五時間ほど。

〈入谷〉

車止めを越えて林道を先に進むと二〇分ほどで光谷にかかる光澤橋の袂に着く。橋のそばは壁が立っているので、流れには少し手前に入る枝谷左岸沿いを辿り降りて溯行開始。

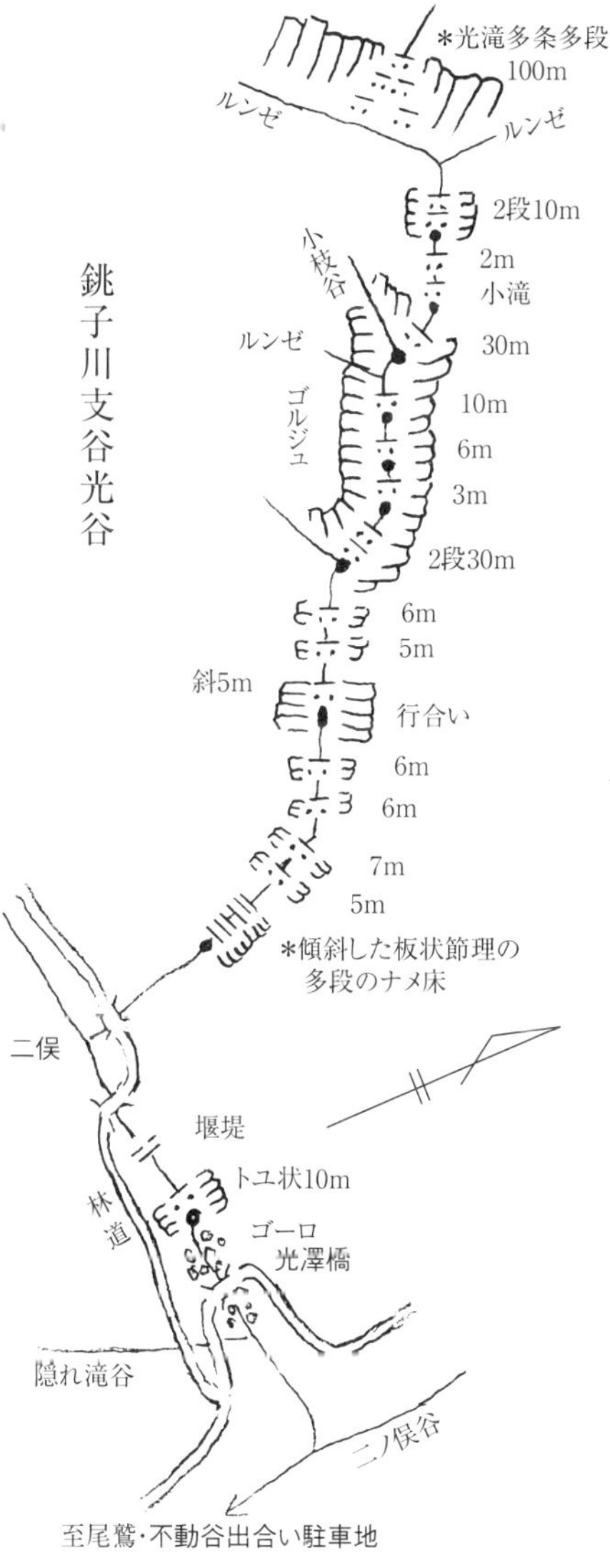

〈遡行状況〉

光澤橋の下を潜ると少しの間だが花崗岩の積み重なるゴーロで、その右岸上部には谷沿いの林道が見えている。谷はわずかで右に曲がり、奥に架かる一〇《メートル》滝で行き止まる。よく磨かれたトユ状の直瀑で取り付く島がない。左岸側は下流から続く垂直の岩壁にガードされているので、ここは右岸から巻くしかないと取り付いたら林道まで追い上げられ、最初からやり直し。わずかの林道歩きで谷へ戻って上流へ向かうが、これもすぐ堰堤が現れ、再度右岸側を巻き上がる。ただし、ここは林道へ登り出る手前から堰堤上流へ降りる踏跡で谷へ降りる。

このあとは二俣まで変化のない凡流がかなり

風変わりな板状節理のナメ床

続く。その間に右岸高みの林道が橋を渡って左岸へ移り、川底から三～四メートル高の所を上流へと向かい出す。やがて左岸から谷幅が直進する左俣の三分の一程度の光滝が架かる右俣が出合うので、林道に架かる橋の下を潜って右俣の流れを進む。左俣は相変わらず広い凡流が続く。

ほどなく流れには、斜傾した板状節理の岩盤を何段にもなって流れ落ちる変わったナメ床が出てくる。ここを過ぎると滝がポツポツ出てくるが、たいした事もなく通過。谷は少し先で急に狭まって行合いとなる。しかし淵は土砂で埋まり、右岸際は脛辺りまで浸かれば通過出来るし、濡れずにへつりも可能。出口に架かる斜瀑は左手を攀じ越える。

上流に続く滝を無難にこなして谷が右に折れると、そこには二段三〇メートル滝が待ち構える。ここは右岸に高巻きルートを求めて岩壁の弱点を左上し、途中から滝の方へ戻る。ところが厳しいモンキークライムをさせられた挙げ句に、流れを覗ける地点へ出て見たら上にはさらに滝が連続して降りられず、どんどん上へ上へと追い上げられ、ようやく登り出たピナクルの頂部から平坦な尾根を辿った先に出てきた小枝谷を下って谷へ戻った。そこは高巻き中にも見えていた三〇《メートル》ほどの滝の前。なかなかに見栄えのよい滝で、これは左手のルンゼを途中まで登り、そこから右上して滝の方へ近づいて行くと、丁度滝の落口横へと登り出た。

ここから上流にも幾つかの滝が出てくるが、難なくこなして行く。シャリークライム覚悟の二段一〇《メートル》滝も左から案外楽に越えられる。

ここからほどなく谷は左へ大きくカーブし、右手から多段多状末広型一〇〇《メートル》とされる光滝が落下する。ただ水量少なく、もう一つ見栄えがしない。この滝は左端を辿れば、なんとか直登出来そうなので面白いだろう。この大滝の上流には未だ滝場はあるが、尾根まで抜けてしまうと　泊が必要になるので、ここで遡行を打ち切る。

光滝 100 m を遠望

〈下山〉

谷を同じルートで二俣まで下り、そこから林道に登り出て、出合いへと帰る。あとは駐車地まで一投足。

ポイント

二段三〇メートル《メートル》滝に始まるゴルジュは高巻く途中から谷中へ懸垂下降して中の滝をこなせば、さらに充実した溯行が出来る。

注意点

二俣は右俣が余りにも小さく、枝谷と間違ってしまう恐れがある。林道が左岸側に移ったら出合いはほどなくだから注意して確認しよう。

見所

本来的には行合いと光滝という事になる。しかし行合いにしても腰まであった淵が土砂で埋まって浅くなり、凄みが失われてしまったのは残念だし、光滝も水量が少なくて豪快さに欠ける。それでも一見の価値はあり、話の種にはなるだろう。

参考タイム

不動谷出合い駐車地――光澤橋（20分）光滝下（3時間）二俣（1時間50分）光澤橋（30分）駐車地（20分）

銚子川支流又口川支谷

30 三《み》ツ俣《また》谷《たに》

＊ランク　中級者
＊行　程　前夜発日帰り
又は一泊二日
＊地形図　引本浦・河合・
高代山・尾鷲

〈概況〉

この谷は銚子川の支流というよりも左俣といえる又口川の支谷。グレード的には二級程度だが、ほどほどの滝が多いのに加え、中流には美しいナメ床が長く続くなど楽しく遡れる。

〈アプローチ〉

古川支谷・岩屋谷出合いまでは省略。この出合いから車道は八幡トンネルを越えての下りになると、又口川の流れに沿って北へ向かい、山間を抜けて周りが開けると共に東へ向きを変える。三ツ俣谷の出合いは、この二キロほど下流対岸。国道四二五号線は狭くて曲がりくねり、走り辛いので慎重に。大阪から五時間程度。

〈入谷〉

国道から対岸の出合い目指して踏跡を下り、橋などはないので、本流をいきなり膝まで浸かって渡渉して入谷する。

〈遡行状況〉

〔一日目〕　それほどの大岩ではないが出合いからゴーロが続き、その乗っ越しの応接に暇がない。右岸に大枝谷、枝谷を見送ると滝が出て

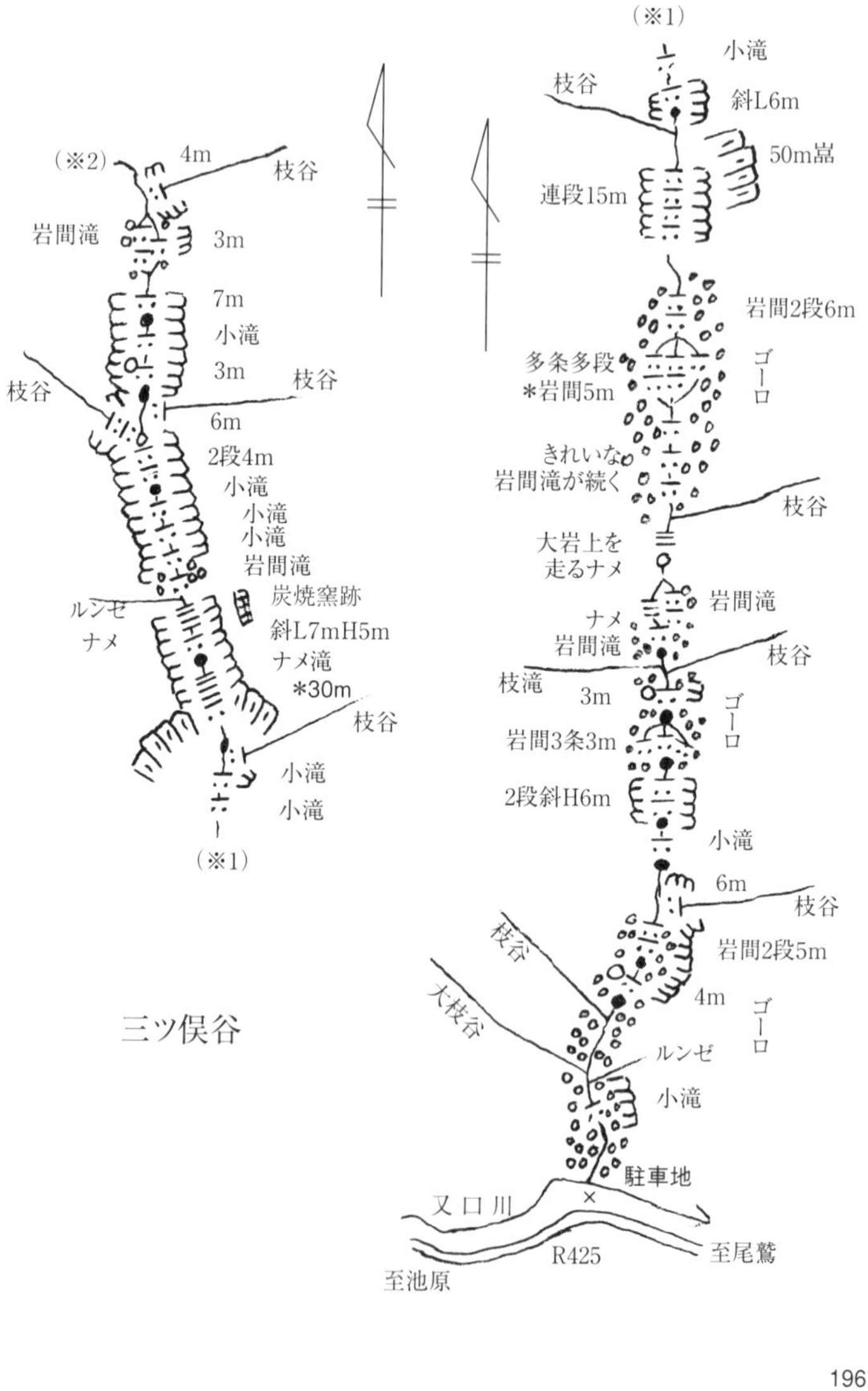
(※2)
4m
枝谷
岩間滝
3m
7m
小滝
3m
枝谷
枝谷
6m
2段4m
小滝
小滝
小滝
岩間滝
炭焼窯跡
ルンゼ
ナメ
斜L7mH5m
ナメ滝
*30m
枝谷
小滝
小滝
(※1)
三ツ俣谷
(※1)
小滝
枝谷
斜L6m
50m嵓
連段15m
岩間2段6m
多条多段
*岩間5m
ゴーロ
きれいな
岩間滝が続く
枝谷
大岩上を
走るナメ
岩間滝
ナメ
岩間滝
枝谷
枝滝
3m
ゴーロ
岩間3条3m
2段斜H6m
小滝
6m
枝谷
枝谷
岩間2段5m
大枝谷
4m
ゴーロ
ルンゼ
小滝
駐車地
又口川
R425
至尾鷲
至池原

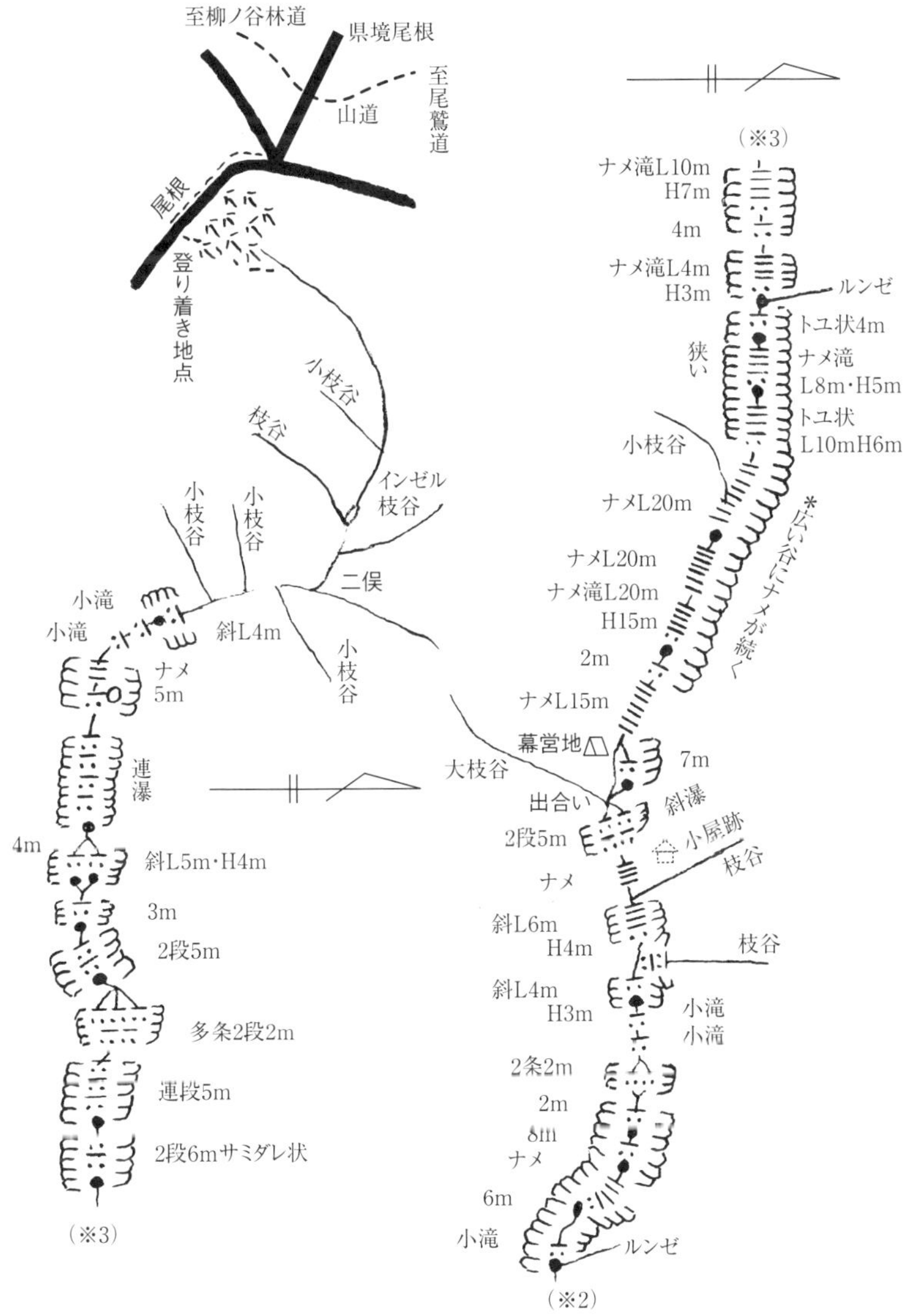
至柳ノ谷林道
県境尾根
至尾鷲道
山道
尾根
登り着き地点
小枝谷
枝谷
インゼル枝谷
小枝谷
小枝谷
二俣
小滝
小滝
斜L4m
小枝谷
ナメ5m
連瀑
4m
斜L5m・H4m
3m
2段5m
多条2段2m
連段5m
2段6mサミダレ状
(※3)
(※3)
ナメ滝L10m H7m
4m
ナメ滝L4m H3m
ルンゼ
トユ状4m
狭い
ナメ滝 L8m・H5m
トユ状 L10mH6m
小枝谷
ナメL20m
*広い谷にナメが続く
ナメL20m
ナメ滝L20m H15m
2m
ナメL15m
幕営地
7m
大枝谷
出合い
斜瀑
2段5m
小屋跡
枝谷
ナメ
斜L6m H4m
枝谷
斜L4m H3m
小滝
小滝
2条2m
2m
8m
ナメ
6m
小滝
ルンゼ
(※2)

ちょっと変わった岩間2段5m

くるが、たいした滝はなく、次々とこなして行く。なおもゴーロ帯は続き、高度がぐんぐん上がる。幾つも続いた岩間滝が尽きて、右手前方に五〇《メートル》ほどの嵓を仰ぐ所で一五《メートル》の連瀑が架かるが、これも問題なく通過。小滝を幾つか越えて左岸から滝を架けて枝谷が入る先で、この谷一の三〇《メートル》滝を迎える。水量豊かに落下する様子はなかなかの迫力だ。

ここは左側の、かつてはこちらに谷の流れがあったらしい洞窟状に抉れた地形の場所に入って行く。二《メートル》の段差を越えると正面にわずかに水を滴らせる一五《メートル》の壁が立つ。この手前から右手の壁をバック気味に攀じるのだが、なんとも悪いルートで、ずいぶんてこずった。落口から上部のナメ床も右に左に流れを渡り返すのが嫌らしく、冷や汗を多量にかく。

ナメに続く斜瀑L七《メートル》・H五《メートル》の右側を通過し、小滝を幾つか越えると二段四《メートル》滝が出てくる。これは左岸壁際を流れに腰下まで浸かってへつり、滝身を直登して滝上へ出る。左、右と共に滝を架ける枝谷を見送ると本谷は右岸の壁に大岩の引っ掛かった三《メートル》滝を落とす。シャワークライムすれば早いが、濡れるのを避けて大岩と右岸壁の隙間を攀じ抜ける。次に出てくるのは七メートル滝。これは左岸の低い壁上に攀じ上がり、その上を滝の方へトラバースして落口へ抜ける。このあと、小さいわりには大釜を持つ小滝と六メートル滝をこなし、ナメに続く八メートル滝を滝身の左側を微妙なバランスで攀じて行くが、最後のところが幾らかナメっていて嫌らしい。

　そこからは小さな滝がポツポツ続き、そのあとで左側が二段五メートル、右側が斜瀑の二条滝を越えると、流れが三ツ俣状に分かれる地点に出る。一本は支谷だが、残る二本は本谷のインゼルの流れ。すぐ上の七メートル滝を右側から楽に攀じ上がると、その少し上流からは長いナメ床が続くので、その手前を幕営地とした。

〔二日目〕　幕営地から上流へ向かうと、谷幅が次第に広がる中にナメ床が上流に向かって真っ直ぐに延びて美しい景観を見せる。その中をフリクションを効かせて溯って行くが、少し滑りやすい。やがて流れが二つに分かれるので中央の岩盤上を登る。左の小流れが右岸の樹林の中へ消えて行くと同時に本谷は一気に狭まり、ナメ床に代わってトユ状の斜瀑やナメ滝が連続する。それらを一つ一つ快調にこなして行くと、ほどなく谷が左に折れ、二段五メートル滝が出てくる。前に大き目の釜があり、両側には壁が立っている。

30ｍ滝

ここはトップが右岸の壁を立ち木とバンドを利用して落口へ抜けたが、ドロ壁で滑りやすくて嫌らしい所だった。このあとすぐの二条四メートル滝は右の斜瀑を簡単に直登するが、シャワークライムで左の直瀑も直登出来る。

ナメ床帯を溯る

ここを過ぎると次の五メートル滝のあとは悪場もなく、すっかり小川のような流れに変わる。ほどなく迎える同水量の二俣を左へ入り、次の左の流れの他に右と中央とでインゼルをなして三つの流れが合わさる二俣を右にとると、水の流れは完全に途絶える。谷が何時か急傾斜になって西に向かい出すと、あとは一気にザレ場から笹と雑木のブッシユに飛び込み、獣道を拾いながら喘登することわずかで尾根に飛び出た。

〈下山〉

登り出た所から尾鷲道と柳ノ谷を結ぶ山道を見つけて柳ノ谷沿いの林道に出る。われわれは一旦、右手の高みまで登り、境界杭の続く尾根を辿って踏跡の不明瞭になるのを構わず急登して尾根を横切る明瞭な山道に出た。これが目的の山道と判断して左へ下って行くと、またも不明瞭になるが、ここでも構わず前進、最後に急傾斜の尾根をブッシュを摑んで急降下し、右岸沿いに明瞭な山道の続く流れへと下り出た。あとは山道を下流へ下り、二つの吊り橋を渡って広い地道の柳の谷沿いの林道へ降り着く。これを国道筋まで下れば駐車地までは一投足だ。

ポイント

三〇㍍大滝は右岸側の岩壁の裏側から取り付くが、立ち木を利用したり空身になったりして行けば滝の落口に直接登り出られる。しかし、そこから上部のナメが左岸でないと難しく、落口を対岸に渡るのが問題。結構高度感があり、緊張する。

注意点

どの流れを詰め上がっても尾根上には明瞭な道がないので西側にある山道を上手く見つけて欲しい。地図上の山道は山腹と尾根と谷とを渡り歩いているので、よく確かめる事。

見所

中流に出てくる長いナメ床。これ以上に素晴らしいナメ床は他の谷にもあるが、経験の少ない方は目を奪われるかもしれない。ナメ床の美しさに気を取られて足を滑らさないように。

参考タイム

［一日目］三ツ俣谷出合い駐車地――三〇㍍滝下（1時間30分）高巻き（30分）右岸大支谷出合い幕営地（1時間）

［二日目］幕営地――二俣（1時間20分）尾根（40分）林道（50分）国道（40分）駐車地（20分）

〔地形図の重要性〕

沢登りをするにあたって知っておいていただきたいのが、各谷の項の初めに記載した国土地理院発行の地形図の重要性である。

中には面倒だと地形図を持たずに入谷する人もいるが、これも一つは慣れの問題で、慣れれば苦になることではない。

そのためには、遡行計画を立てたら地形図を準備して、出発前に目をとおして谷の概略を覚え、遡行時には必ず携行して、常に位置を確認するよう心掛けてほしい。

そうすれば自然に読図力が身につき、緊急時の脱出ルートなど進むべき方向も読みとれるようになる。

それに地形図を見ただけで、滝記号がなくても滝場のありそうな場所が推測できたり、ゴルジュの出てきそうな位置も分かり出し、遡行が一層楽しくなるだろう。

〔初心者に必要な沢登り装備〕

熟練してくると、ザイルやハーケンやハンマーからフレンズやナッツといった登攀用具を揃えるようになるが、これから始めようとする初心者の方に、まず揃えていただきたい装備を以下に列記してみた。

谷中泊の時には、これらに幕営用具と炊飯用具が加わる。

(1)渓流シューズまたは渓流足袋
(2)沢登り用スパッツ
(3)ヘルメット
(4)雨具
(5)ヘッドランプ
(6)水切れの良い衣類(ダクロンなどの化繊品で下着も含む)
(7)ゼルプスト(ハーネス)
(8)エイト環などの下降器
(9)その他一般登山に必要な装備

往古川水系

船津川左俣往古川支谷

31 真砂《まさご》(鬼丸《おにまる》)谷《だに》

*ランク　中級者
*行　程　一泊二日
*地形図　引本浦
　　　　　大杉渓谷

〈概況〉

台高南部の三重県側にあって二段一〇〇メートルと言われる八町滝の他にも二〇メートル以上の滝を五本も持つのが往古川支谷の真砂谷。それだけに谷の作りも豪快で、遡行の醍醐味が満喫出来る。下山も尾根にある山道と林道が利用出来、距離は長いが安心である。

〈アプローチ〉

国道四二号線を海山町の船津へと走り、往古川に出たら左岸沿いの大台林道へと入る。舗装道が地道に変わると、ほどなく林道は右に大きく曲がってUの字のヘアピンカーブとなる。この曲がり口が真砂谷への下降地点である。大阪から四時間半は見ておきたい。

〈入谷〉

踏跡を拾って斜面を下り、往古川左岸に降り着く。対岸が真砂谷の出合いだが、本流すぐ下流の堰堤で淵状になっているので、少し上流へ入った所を渡渉して出合いへ戻る。

〈遡行状況〉

［一日目］　出合いからのゴーロ帯を進む。遡

るほどに岩は次第に大きくなり、二条になってツルツルの岩を階段状に落ちる五メートルの岩間滝が前進を阻む。左側も巨岩を挟んでオーバーハングした水量少ない四メートル滝が邪魔をしている。ここは巨岩の上から垂れ下がる二本の太い蔓を伝ってモンキークライム。この先わずかでゴーロが終わり、しばらくの河原歩き。

右手に三〇メートル高の嵓が続くのを見ながら進むと谷は右に折れ、少し先に水量豊富で豪快な二〇メートル滝が大釜に落下する。ここは壁の低い左岸から高巻き、落口へと続く小尾根まで登ってから反対側の急傾斜で土ザレのルンゼを木の枝根を掴みながら谷芯へ下る。

谷中は狭い廊下で、中に三つの淵が続く。最初を左岸、二つ目を右岸とへつり抜けたが、最後は壁が立って腰以上まで浸からなければ直進出来ず、寒い一二月に濡れるのは嫌なので左手の壁上を巻き抜ける。

谷に戻ると、またも二〇メートル滝に行く手を遮られる。ここも左岸からの高巻きを取り、ルンゼを攀じて反対側のルンゼを下るが、その途中でゴルジュとなった二〇メートル滝の奥に次のCS滝二〇メートルが架かるのが見える。この滝は左を登れるらしいが、懸垂で谷に戻るのも面倒で、一緒に巻く事にした。ルンゼを登り直し、分岐を左に取って滝身へと近づき、出て来た落口への踏み跡を用心にザイルを出して水平トラバース。

落口横へ出ると上にはさらに八メートル滝が続き、これも滝下を対岸に渡れば右岸側が登れそう。しかし連れが気乗り薄の様子なので、そのまま左岸通しで一緒に巻き上がる。これでようやく最初の悪場は終わり、谷に明るさが戻る。

ここから二～三メートル滝を数個越えるが、二つ目の大岩に架かる滝は空身でしか岩上に登れず、

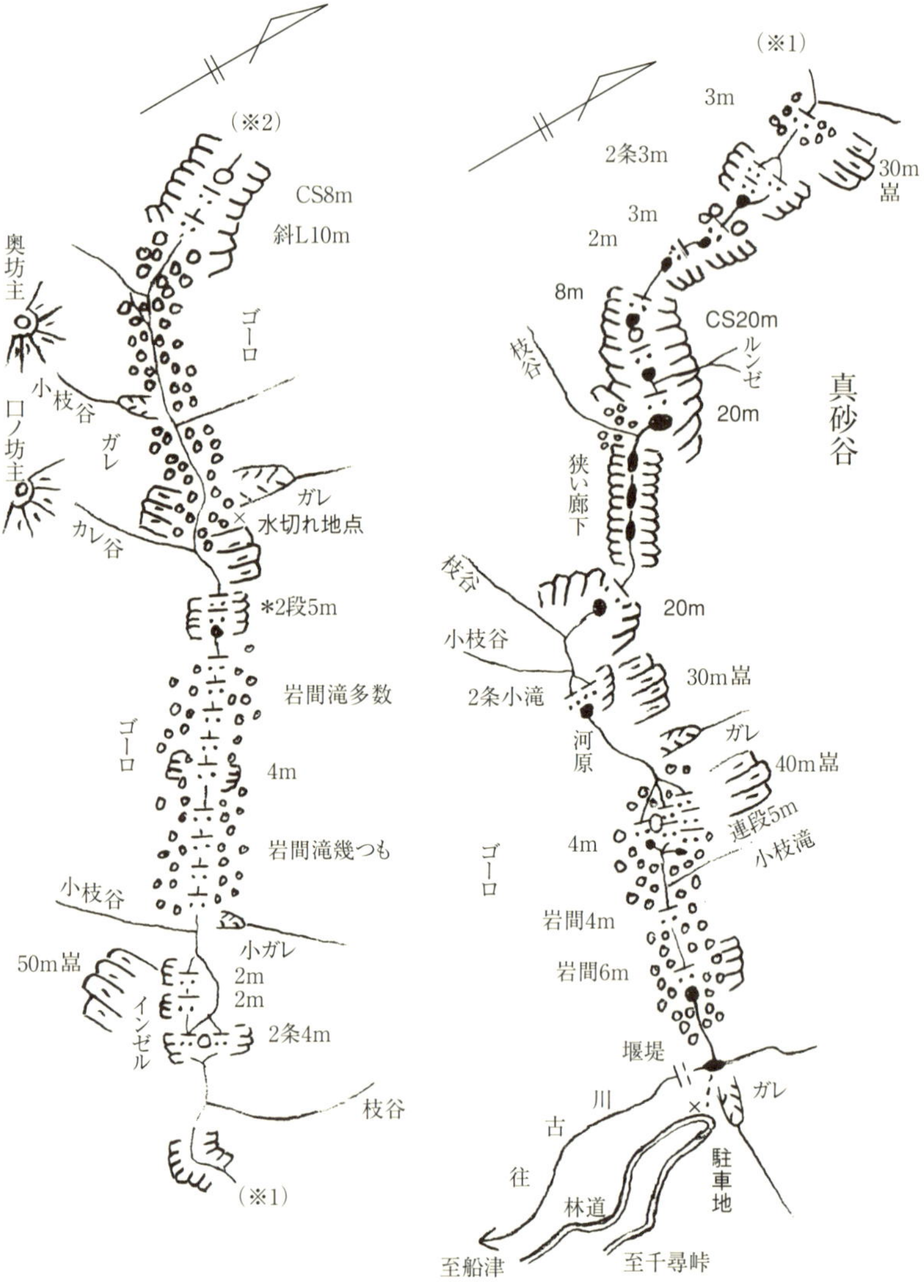
(※2)
CS8m
斜L10m
奥坊主
ゴーロ
小枝谷
口ノ坊主
ガレ
ガレ
水切れ地点
カレ谷
*2段5m
岩間滝多数
ゴーロ
4m
岩間滝幾つも
小枝谷
小ガレ
50m嵓
2m
2m
インゼル
2条4m
枝谷
(※1)
(※1)
3m
2条3m
30m
嵓
3m
2m
8m
CS20m
枝谷
ルンゼ
真砂谷
20m
狭い廊下
枝谷
20m
小枝谷
30m嵓
2条小滝
ガレ
河原
40m嵓
連段5m
4m
小枝滝
ゴーロ
岩間4m
岩間6m
堰堤
ガレ
川
古
往
駐車地
林道
至船津
至千尋峠

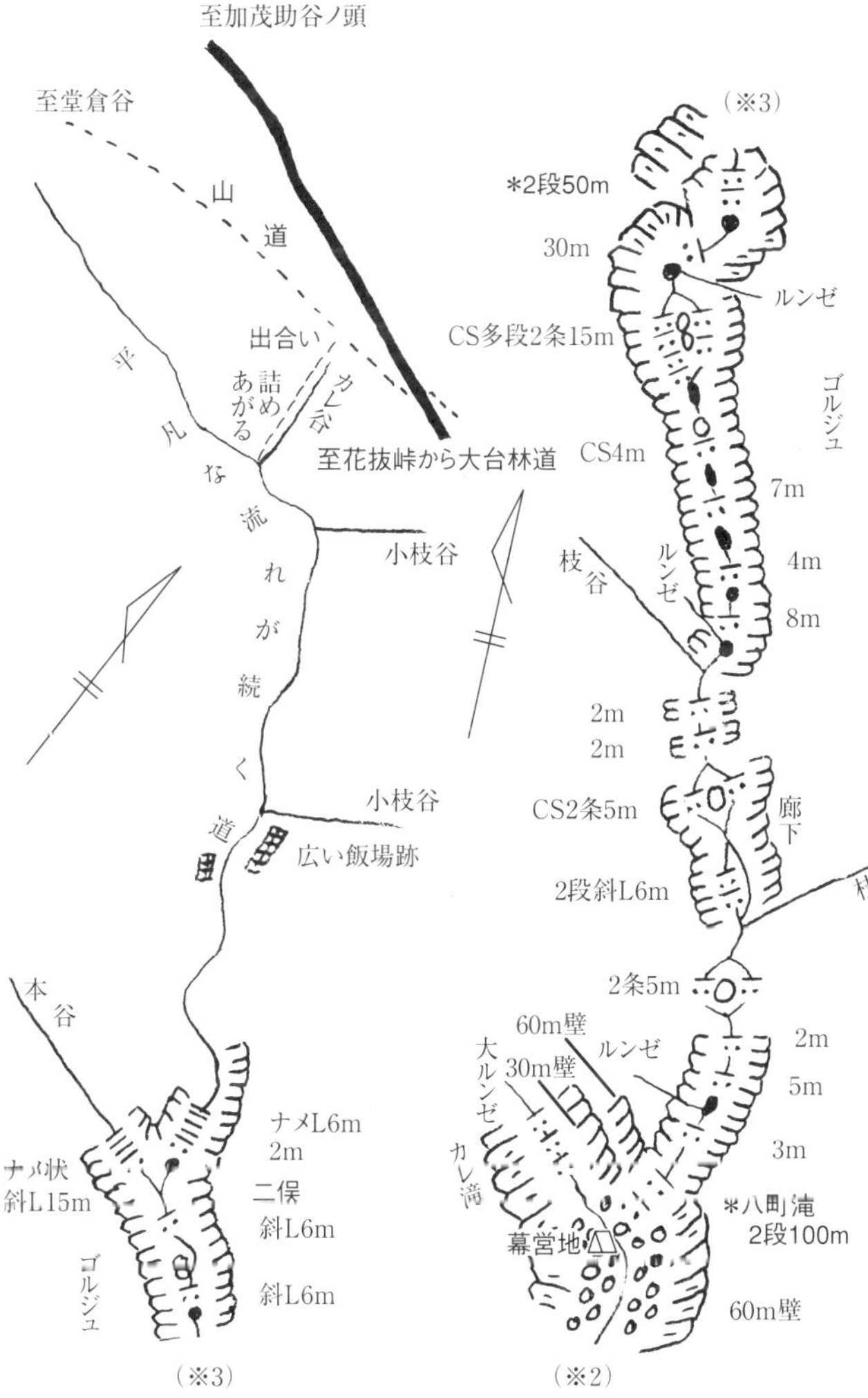
至加茂助谷ノ頭
至堂倉谷
山道
出合い
詰めあがる
カレ谷
平凡な流れが続く道
至花抜峠から大台林道
小枝谷
小枝谷
広い飯場跡
本谷
ナメL6m
2m
ナメ状斜L15m
二俣
斜L6m
斜L6m
ゴルジュ
(※3)
(※3)
*2段50m
30m
ルンゼ
CS多段2条15m
ゴルジュ
CS4m
7m
枝谷
ルンゼ
4m
8m
2m
2m
CS2条5m
廊下
2段斜L6m
枝谷
2条5m
60m壁
大ルンゼ
30m壁
ルンゼ
2m
5m
カレ滝
3m
*八町滝2段100m
幕営地
60m壁
(※2)

2段5m滝と奥坊主（後方の嵓）

荷揚げ作業を強いられた。

しばらくの凡流のあとはゴーロとなり、中に架かる幾つもの岩間滝を攀じ越える。溯るほどに岩は次第に巨大化し、何度も空身になって乗り越える。何時の間にか水の流れがなくなった伏流帯は結構長い。

やがて水の流れが戻ると、右手前方に大きく見え出した八町滝を仰観しながらの傾斜の強いゴーロ帯の登りだ。久々の斜瀑L一〇メートルを右にやり過ごして滝の上に巨岩の乗った八メートル滝を迎えるが、これがちょっとした曲者で、ハーケンを打ったりザイルを出したりと滝上に登り出るまでにずいぶんてこずる。上部には間近に迫った八町滝を落とす大岩壁の下へと巨岩が累々と広がり、谷は豪然とした様相を呈する。ここで時間がなくなり、この巨岩帯の中のわずかに傾斜した平坦で広い岩盤の上にテントを張った。

〔二日目〕翌日の溯行は八町滝の大高巻きに始まる。左へ入るガレたルンゼを登り、涸れ滝の手前で右手の樹林帯を攀じて一旦、岩壁の上に出る。そこから再び樹林帯を左上し、岩壁に突き当たるところで右に切り返す。すこし傾斜が厳しく、ここからはザイルを付けるが、モン

八町滝２段100m

焚火で夜を楽しむ

キークライムでの直上に腕の力が萎える。ようやく馬の背のような細尾根に登り出て巻き上がり終了。あとは反対側のルンゼを右に見ながら下り、最後に左への山腹トラバースで穏やかな流れの谷に降り着く。この下には二《メートル》、五《メートル》、三《メートル》の三つの滝があって八町滝が落ちる。

　遡行を再開して最初の大岩を挟んで落ちる二条五《メートル》滝は左滝を直登する。すぐ左岸から枝谷が入り、本谷は廊下となる。二段六《メートル》の斜瀑を越えると右から岩壁が張り出した所にCS滝五《メートル》が落ちる。ここはあっさり右から巻き上がるしか打つ手なし。壁が途切れて二つの小滝を越える。右岸から枝谷が入って本谷は右にカーブし、すぐ左に折れ返す所に八《メートル》滝を架けてゴルジュが始まる。

　この滝は左側を直登したが、落口へ抜け上がる箇所が悪く、ハーケンにアブミでの

2段50 m

登りとなる。次の四《メートル》滝を右から越えると細長い釜の奥に七《メートル》滝が待ち構える。ここは直進出来ずに右岸の笹の斜面を巻き上がり、一旦、滝の上に降りたが、奥のＣＳ滝四《メートル》も登れないので再び笹のブッシュに逆戻り。滝の落口をやり過ごして谷中を覗くと上流には谷幅一杯の長い淵に続いてＣＳの多段二条のＣＳ滝一五《メートル》が架かって戻れず、この滝も一緒に巻き進む。

戻った谷はすぐ深い釜の奥が高い岩壁で行き止まり。近づけば釜に向かって右手から三〇《メートル》滝が落ちていた。ここは滝の手前の左岸ルンゼに取り付き、ザイルを出して巻き上がるが、樹林帯に入ってからは傾斜が強くてモンキークライムの連続だった。その代わり下りは緩やかなスロープの斜面で谷に戻れた。これでヤレヤレかと思えば谷奥は高い岩壁に囲まれ、その中に二段五〇《メートル》滝が豪快に落下している。岩を挟んで左にもわずかな落水が見られる二条のＣＳ滝で、これも大高巻きするしかない。手前の釜の右岸壁を少しへつり、左上する岩の割れ目を攀じて上の樹林帯へ出るが、滝身に近づくのにモンキークライムが続き、厳しい登りだった。それでも落口にドンピシャだった。

上流は斜瀑L六《メートル》を二つ架けたあとで二俣を迎える。左にナメを滑らすのが本谷だが、凡流らしいので少しでも早く山道に出るために右の谷へ入る。谷幅も水量も一挙に減少し、すぐ上部にナメが六《メートル》続く二《メートル》滝を越える。これで滝は全く出なくなり、右に左にとクネリながら長々と続く穏やかな流れを進む。右岸に小屋跡を見ると、すぐまた右岸に前の十倍はあろうかという飯場跡が出てくる。流れが完全に西を向き出したところで、もう潮時と左岸から出合う涸れ谷を詰め上がる。最後は藪漕ぎとなったが、予定通り山腹を行く広い山道に登り出た。

〈下山〉

登り出た山道を右に取って花抜峠経由で大台林道へ下り、この車道を駐車地まで辿り帰る。途中に山抜けや不明瞭な所もあるが、探せば道は出てくる。花抜峠からの下りは大きく右に回り込み、少しあと戻りしているので注意。

ポイント

一つ上げれば八町滝の高巻き。高度があるので谷に戻るまでに時間が相当かかるから、出来るだけ小さく巻けるルートを見つける事。

注意点

どの滝の高巻きにしても傾斜の厳しい箇所や岩壁を直上する所があるので出来るだけザイルを出して安全を期して欲しい。なかでも最後の二段五〇《メートル》滝は滝の落口に直接登り出るが、潮行も終わりが近づき疲労が強い時だから、滝上からの凄い高度感にバランスを崩さないよう。

見所

真下から仰ぎ見る八町滝は圧巻で、右手に六〇メートルを越す大岩壁が屏風状に長く横に広がり、左手にも同じ高さほどの岩壁に加え、その手前にも三〇メートルほどの岩壁が厚くガードしている。滝そのものは近づき過ぎて下半分の五〇メートルほどしか見えないが、上にもう五〇メートルあるのだから滝上からの眺めの凄さが連想出来よう。

参考タイム

［一日目］駐車地——最初の二〇メートル滝（1時間）二つ目の二〇メートル滝（50分）CS二〇メートル滝上八メートル滝（1時間）ゴーロ帯水切れ地点（50分）八町滝直下幕営地（1時間50分）

［二日目］幕営地——八町滝巻き終わり（1時間20分）二段五〇メートル滝下（2時間）二俣（20分）山道出合い（1時間）花抜峠（45分）大台林道（45分）駐車地（1時間）

船津川左俣往古川支谷

32 小木森谷《おごもりだに》

＊ランク　中級者
＊行　程　前夜発
　　　　　一泊二日
＊地形図　引本浦
　　　　　大杉渓谷

〈概況〉

宮川の大杉谷右岸尾根南面の水を集めて熊野灘へ注ぐ流れが往古川。

この往古川支谷の中で一つ下流の真砂谷と共に一〇〇《メートル》級の小木森滝を有する谷として知られ、人気を博しているのが小木森谷である。真砂谷よりも距離が短く、下山路も真砂谷と同じルートが使え、大阪から遠いわりには比較的短時間で山行が楽しめる。

〈アプローチ〉

真砂谷への下降地点でヘアピンカーブを切る林道をさらに上部へと走り続けると、再びヘアピンカーブを切って北に登り出す。右から流れ落ちる小支谷を一つ越えて、次に出てくる谷がハゲオロシ谷で、この谷を下降して往子川本流へ出る。大阪から四時間半～五時間。

〈入谷〉

ハゲオロシ谷は傾斜が割合きついが、滝と呼べるものもなく、三〇分で本流に下り着く。一つ上流のモチウチ谷は本流への距離が長く、本流出合いもハゲオロシ谷の少し上流だけなので下降には不利と思う。

小木森谷

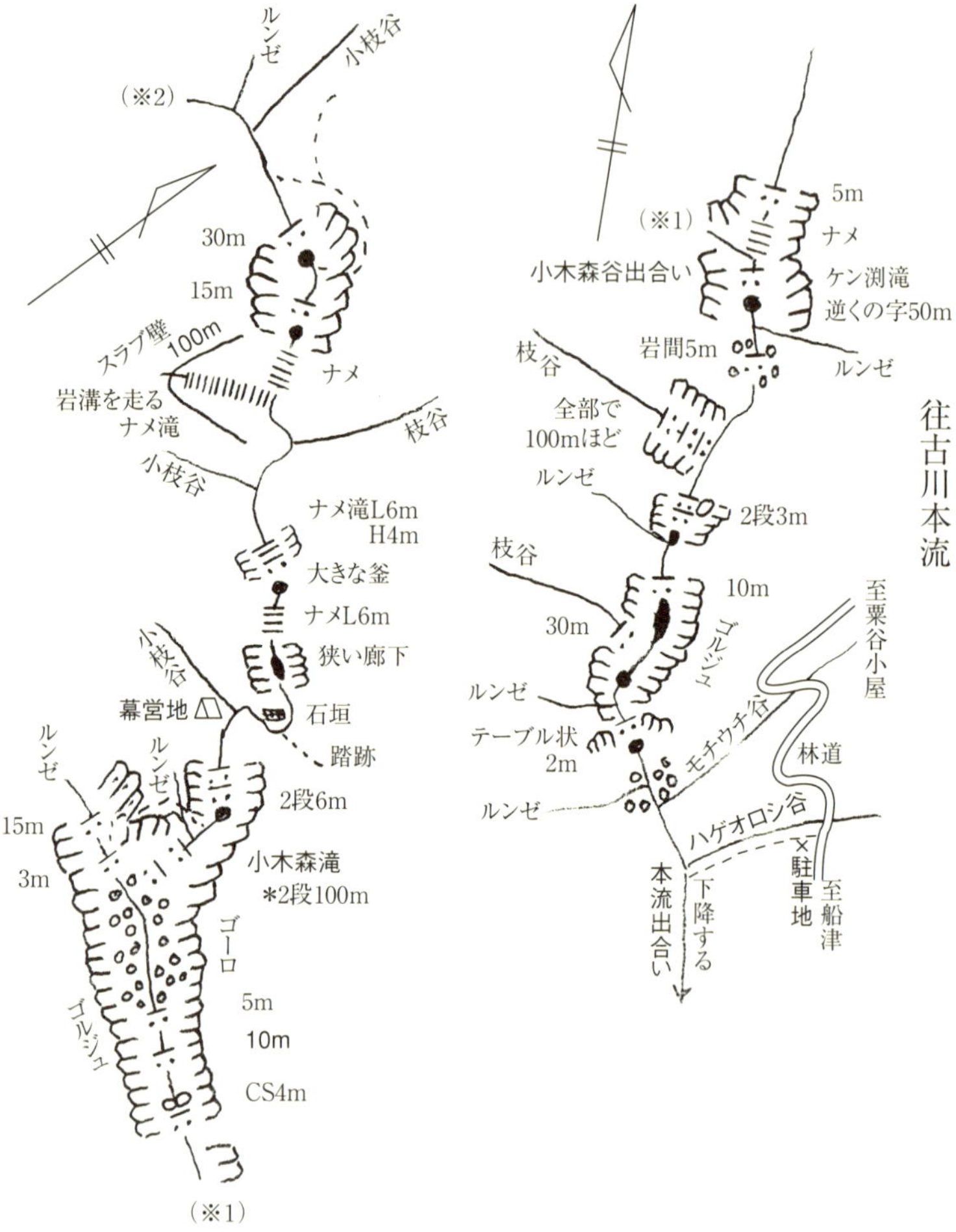
ルンゼ
小枝谷
(※2)
30m
15m
スラブ壁
100m
ナメ
岩溝を走る
ナメ滝
枝谷
小枝谷
ナメ滝L6m
H4m
大きな釜
ナメL6m
狭い廊下
小枝谷
幕営地
石垣
踏跡
ルンゼ
ルンゼ
2段6m
15m
3m
小木森滝
*2段100m
ゴーロ
ゴルジュ
5m
10m
CS4m
(※1)
5m
(※1)
ナメ
小木森谷出合い
ケン渕滝
逆くの字50m
岩間5m
枝谷
ルンゼ
往古川本流
全部で
100mほど
ルンゼ
2段3m
枝谷
10m
30m
ゴルジュ
至栗谷小屋
ルンゼ
モチウチ谷
テーブル状
2m
林道
ルンゼ
ハゲオロシ谷
駐車地
本流出合い
下降する
至船津

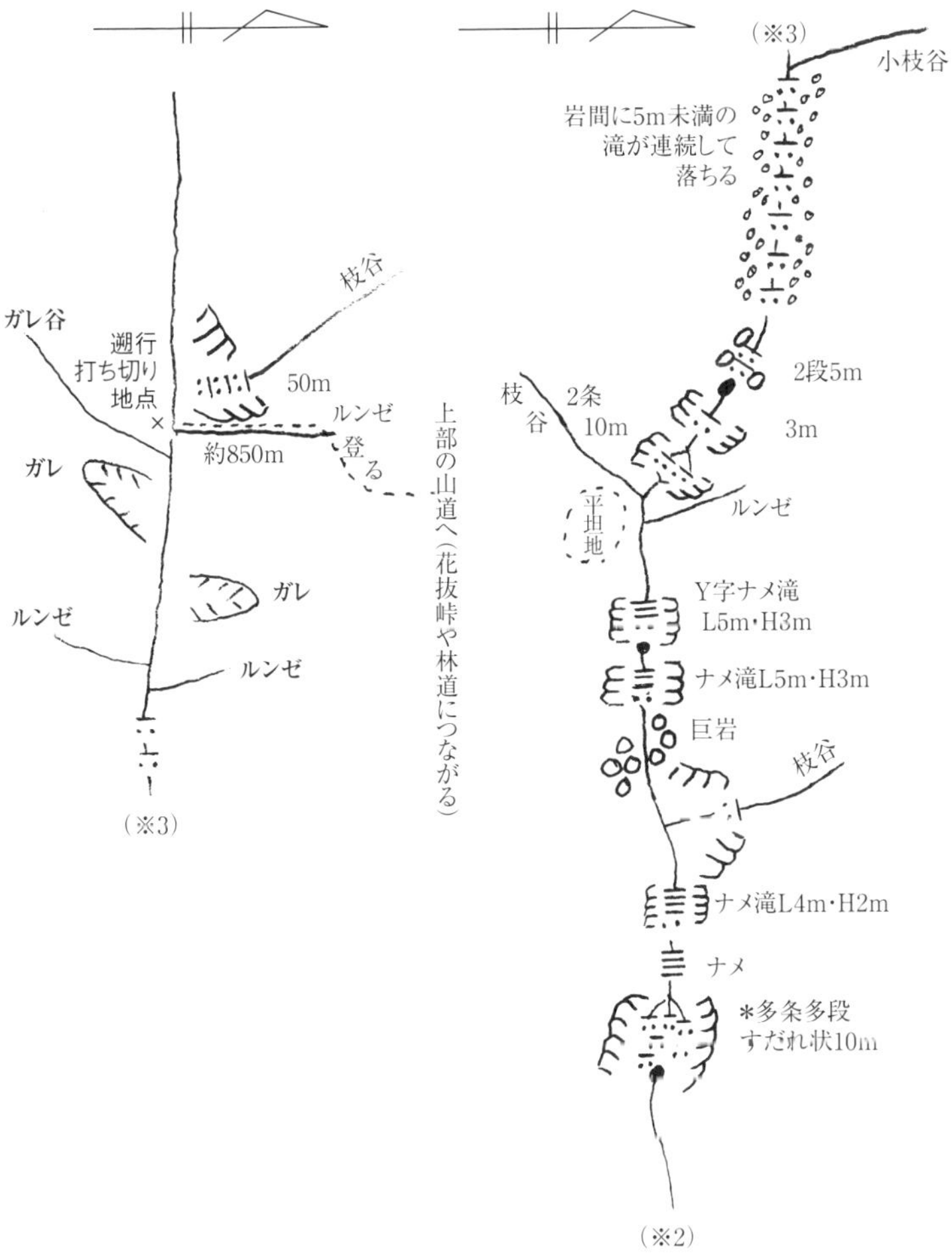
ガレ谷
遡行
打ち切り
地点
×
枝谷
50m
ルンゼ
約850m
登る
上部の山道へ（花抜峠や林道につながる）
ガレ
ガレ
ルンゼ
ルンゼ
（※3）
（※3）
小枝谷
岩間に5m未満の
滝が連続して
落ちる
2段5m
3m
枝谷
2条
10m
ルンゼ
平坦地
Y字ナメ滝
L5m・H3m
ナメ滝L5m・H3m
巨岩
枝谷
ナメ滝L4m・H2m
ナメ
＊多条多段
すだれ状10m
（※2）

〈遡行状況〉

［一日目］まずは小木森谷出合い目指して本流を遡る。すぐ左岸からモチウチ谷が出合う。テーブル状の二メートル滝を越えると両壁が立ってゴルジュを迎え、入口の大釜を胸まで浸かって越えたり、左岸上部を小さく巻き越えたりで通過する。すぐ右岸から三〇メートル滝を架けて枝谷が入り、廊下には左に弧を描きながら細長い淵が続き、奥に一〇メートル滝が落ちる。ここは淵の手前から左岸を巻き上がったら上にしっかりした巻き道があり、簡単に上流へ抜けた。

これで一旦、壁が切れて廊下が終わり、次の二段三メートル滝の左側を小さく巻き越える。すると再び右岸から大滝を架けて枝谷が入る。狭まった滝の落口上部にも数段の滝が連続し、一番上から一〇〇メートルもありそう。本流にもゴーロの中の五メートル滝を越えると大釜を伴った五〇メートル滝が待ち構える。逆くの字のすっきりした形のケン渕滝だ。この滝は左岸に取り付き、出来るだけ小さく巻こうとモンキークライムで攀じて行き、落口横へと巻き降りた。

上流には傾斜のあるナメ床が続き、その上にも五メートル滝が続くのが見えるが、実はナメ床の始まる地点が小木森谷の出合いで、樹木が茂っていて、うっかり見過ごすところだった。

ナメ床を右岸に渡り、少し下った所から小木森谷に入ると、本のわずかで早速ゴルジュが待ち受ける。入口のCS滝四メートルを左から小さく巻き越えたら、次に一〇メートル滝が登場する。この滝を右岸から高巻き、次の五メートル滝も一緒に巻く。流れに戻るとゴルジュは終わって谷が広がり、巨岩に埋まるゴーロ帯が一気に高度を上げながら続く。高く峭立した両側の岩壁奥の右手壁には数段の大滝が落下するのが目に入る。問題の小木森滝で、一〇〇メートルはありそう。この滝のクリアーに直進するルンゼからの巻きを選択。

そのルンゼに入り、どん詰まりに出てくる一五メートル滝をトップがフリーで落口まで登り、右上の樹林帯まで抜け上がってから後続はザイルを出してもらってあとに続く。そこからも樹林帯の中を厳しいモンキークライムで小尾根へ登り出る。すると反対側にルンゼがあり、これを下って行くと丁度滝の落口へ降り着いた。最短距離での高巻きのはずなのに、二時間以上を要した。このあと、すぐ直角に左に折れた所に架かる二段六メートル滝を左手の岩棚を攀じて越えると、流れはわずかで右に大きく弧を描き、右岸側にちょっとした平坦な砂地を作るので、そこを幕営地に一夜を明かした。

小木森滝2段100ｍ遠望

［二日目］　上流ほどなくに左岸に下って来る踏跡が出てくるが、これは小木森滝を左岸から巻いてきたものだろう。そこで流れは左に弧を描き返し、右岸に石垣を見る。すぐに浅いゴルジュが出てくるので左岸をへつり抜けると、ナメ床が連続する。ここを過ぎると、しばらくクネクネした穏やかな流れを進む。やがて右岸側のカーブ地点の一〇〇メートル高の大きなスラブ壁を細い水流になってナメが落ちるのを見ると、本谷も曲

多状多段簾状10 m滝

がり切った先のナメのあとに一五㍍滝を架ける。ここは一人が右岸を直登気味に登り、残る二人は左岸を巻き上がって落口へとトラバースした。流れはすぐ左に曲がって大きなホールを形成、そこへ三〇㍍滝が堂々と落下していた。ここは少しバックした所から左岸の小尾根に取り付いて高巻く。すると道らしきものが出てきて簡単に落口少し上流へ抜け出る。

ここから谷は再び平凡な流れが続き、所々に小屋跡が見受けられる。ほどなく簾状で多段に落ちる一〇㍍滝が登場。ここでも熟練の一人は直登するが、後の二人は右岸のルンゼから巻き上がる。このあとのナメやナメ滝L四㍍、短い巨岩帯を難なくこなし、さらに二つのナメ滝L五㍍をやり過ごして途中が逆くの字に折れる二条一〇㍍滝を迎える。これを左岸側を高巻き、続く三㍍滝と大岩を両側に従えた二段五㍍滝を簡単に越えると、岩間に次々に滝の架かる連瀑帯となり、これを隙間を縫って抜けて行く。この連瀑が終わると穏やかな流れになって溯行の面白味も薄れてきたので、左岸に枝谷が連段の五〇㍍滝で合わさる所で溯行を打ち切った。

〈下山〉

滝を落とす枝谷の下流側に入るルンゼを攀じて上部にある山道を目指す。斜瀑が連続していたり急傾斜だったりで、気持ちのよいルートではないが、やがて上部へ踏跡の続く小尾根へと登り着き、これを背丈を越える笹を掻き分けて上方へと辿って行く。ほどなく視界が開け、山道の通る地点も確認出来るので、さらにその方向に向かって行くと計算どおりに花抜峠への山道に登り着いた。あとは真砂谷の下山同様のルートで駐車地へと帰り着く。

ポイント

小木森滝の巻き上がりが問題となろう。左岸側は滝の高さと同じ一〇〇メートルの壁が続いているので巻くとなれば、ずいぶん下流へ戻らなければならない。右岸からだとルンゼに取り付くしか手がないが、ルンゼの滝を登ってからは二つのルートが考えられる。右手の岩壁に取り付いて広いテラス状の下段滝の上を左岸へ渡り、滝身右手のルンゼ状を右上するルートと、われわれの取ったルートの二つだが、いずれにしてもかなりの技術が要求されそう。

注意点

最後まで谷を詰めても、途中の適当な所で溯行を打ち切ってもよいが、左に出ると道が出てこないので必ず加茂助谷の頭から花抜峠への尾根を目指す事。余り早く切り上げても尾根までの登りが長くなって苦しみが増す。それと、この谷にもヒルがいるので小まめに点検しよう。

見所

一にも二にも小木森滝の景観。滝は遥か高みの狭い落口から流れ出た水が何段かに腰を折りながら下方になるに従って次第に幅を広げて岩壁を伝い落ちる。周囲の壁も落口と同じ高さだから、谷はまるで脱出不可能な要塞に囲まれているような雰囲気さえもする。帰路の林道からも遠望出来るが、その景観の凄さに、その滝の横をよく登ったものだと背筋に寒けを覚えたのは私だけだろうか。

エピソード

小木森滝の高巻きで樹林の中を巻いていていた時の事。まだ新しいシュリンゲがカラビナ付きで残置されていたので、誰もが同じようなルートを考えるものだと思いながら、よい戦利品を得たと有り難く頂戴して帰る。ところが、この事を当時の所属会の集会で話したら、それは俺のだというメンバーが現れた。聞けばカラビナに付けられた印は一致しているし、シュリンゲの色も合っているので返さないわけには行かないが、それでは彼の残置品を回収に行ったようなものだと、ぼやかずにはいられなかった。

参考タイム

［一日目］ハゲオロシ谷出合い駐車地――本流出合い（35分）小木森谷出合い（1時間15分）小木森滝下（1時間30分）小木森滝上（2時間15分）幕営地（10分）
［二日目］幕営地――溯行打ち切り地点（2時間30分）尾根（50分）花抜峠（15分）林道（1時間）駐車地（35分）

あとがき

このたび、長年蓄えてきた溯行記録を上梓できた。とりあえず台高の谷の一部だが、日の目を見ることができて感激している。長年といっても山登りを始めたのが四十歳過ぎで、沢登りはその数年後だから経験は十五年ほどしかなく、この世界ではまだまだ駆け出しだと自覚している。

沢登りを始めて以来、これまで台高の谷には六十本ほど入谷しており、その全てを紹介できればよいのだが、本書では紙面の関係で、その中からまず私がお薦めしたい谷二十一本を選んだ。それに一口に台高の谷といっても溯行対象となる谷は、少なくとも百本以上あり、私が入った谷は半分にも満たないのだから、他にもよい谷があるのは承知のうえである。選択した谷に満足していただけない点はお許しいただければ幸いである。

その補充の意味で、本書に掲載以外の入谷経験のある谷については、末尾に紹介したので、それらの谷についてお問い合わせがあれば情報を提供させていただくし、これからも五年計画で台高ではあと約三十本の谷に入る予定なので、また機会があればそれらも紹介したいと思っている。

本書に掲げた記録や溯行図は、いささか細か過ぎるかもしれないが、谷の現在の状況はより正確に表現できたと自負している。

なお、取り上げた谷の記録が古いものについては、あらためて入谷したり、不明な点を確認に出掛けたりしたが、ほかにもお気付きの点や情報があればお知らせいただきたい。そして出来れば今後とも、愛好家のみなさんと一緒に沢登りを学び、その素晴らしさを共有できればと願っている。

最後に、本書を出版していただいたナカニシヤ出版と、写真を提供していただいた和田謙一(大阪わらじの会)、日下博文(元飄逸沢遊会)、鍛治イク子・佐々木尚弘・末田伍・田中秀穂・中川浩一(以上、飄逸沢遊会)の各氏に紙面をお借りして厚くお礼を申し上げます。

〈本書に掲載した以外の入谷した谷〉―平成一五年三月現在
中奥川のトチコチ谷、ゴンサイ谷、鳥渡谷、ダンノ谷、赤嵓谷、ジョウカケ谷、本沢川のナメラ谷、北股川の本流、南股谷、不動谷、ゴロベエ谷、柏原谷、ガマ谷、じしゃくら谷、三之公川のコクワ谷、明神谷、茸又谷、東ノ川の白崩谷、大谷、大又川のワサビ谷、櫛田川の木屋谷川、蓮川の宮の谷、太郎羅谷、宮川のカラスキ谷、鯎谷、大熊谷の悪谷、大和谷の地池谷、銚子川の二ノ俣谷。

二〇〇三年二月

樋上　嘉秀

著者紹介

樋上　嘉秀（ひがみ　よしひで）

1944年　大阪市生まれ
1985年　近郊の山登りを始める
1989年　大阪わらじの会に98年まで入会
　　　　入会以降，毎年2～30本の谷を溯行
1992年　日本ヒマラヤ協会に入会
1993年　ヒマラヤ初遠征，ムスターグ・アタに登頂
　　　　以降，2002年まで10年連続でヒマラヤ遠征
1999年　同人「飄逸沢遊会」創設，代表として現在に至る

現住所　大阪市東成区神路2-9-16

台高の沢——関西の沢登り〔1〕

2003年 5月 20日　初版第 1 刷発行　定価はカバーに表示してあります

著　者　　樋　上　嘉　秀
発行者　　中　西　健　夫
発行所　　株式会社ナカニシヤ出版

〒606-8316 京都市左京区吉田二本松町2
電　話　075-751-1211
F A X　075-751-2665
振替口座　01030-0-13128番
URL　http://www.nakanishiya.co.jp/
E-mail　iihon-ippai@nakanishiya.co.jp

落丁・乱丁本はお取り替えします。

印刷・ファインワークス／製本・兼文堂／装幀・竹内康之
ISBN4-88848-784-7-C0075

樋上嘉秀著

関西の沢登り［2］

大峰の沢

四六判・写真多数・各谷別詳細溯行図付

「台高の沢」同様、日帰りだけでなく、谷中泊まりで、しかも初心者から上級者までが楽しめる谷を、入谷した五十本ほどの中から三十一本を選んで紹介。

内容は吉野川水系では上多古川の上谷、伊坪谷、大栃谷、矢納谷。

北山川水系では白川又川の茗荷谷、十郎谷、大黒河谷、口剣又谷、火吹谷、中ノ又谷支谷のワル谷と上ノ谷、前鬼川の孔雀股谷右俣、池郷川の冬小屋谷と本谷。

十津川水系では直系の葛谷と蟻ノ腰谷、神童子谷のオソゴヤ谷とノウナシ谷と犬取谷、舟ノ川の小日裏谷、三嵓谷、イブキ嵓谷に入谷支谷のナメラ谷、旭ノ川の中ノ川と片口谷、滝川本谷の赤井谷、栗平川の見行地谷、イヌイ谷、ウオノ谷、本谷の水無谷、芦廼瀬川本流。

続刊予定